AF452522

LE SOUPÉ

DES

PETITS-MAITRES,

OUVRAGE

MORAL.

PREMIERE PARTIE.

A LONDRES.

INTRODUCTION.

IL eſt onze heures du matin. Un Abbé, aſſez ſemblable à une poupée de quatre pieds de haut, ſourit aux dernieres épreuves d'une brochure de ſa compoſition. Il s'applaudit d'avoir fait une Epître en vers, & ſe promet de la faire ſervir pour toutes les femmes. Il la relit avec complaiſance, ordonne à ſon Laquais de voler chez ſon Imprimeur, de faire vîte tirer quelques Exemplaires, & de les lui apporter au Palais - Royal. Il ſe met à ſa toilette, cache artiſtement ſa petite boſſe dans les

A 2

plis d'un manteau de soie, est content de lui, & se trouve en état de figurer au lever de quelque jolie femme.

Déjà il traverse la rue de Richelieu, quand un déluge d'eau de senteur, dont tout le quartier est parfumé, lui fait lever la tête; il voit avec surprise qu'il est jour chez la Comtesse de...... Il monte chez elle; on l'annonce; Vénus lui sourit, il se croit Adonis.

La nouvelle Cypris, rafraîchie par un sommeil agréable, & par un bain odoriférant, avait le teint d'une dévote. Elle était parée d'un de ces déshabillés charmans inventés par l'Amour, & sur-tout pour l'Amour.

Nonchalamment jetée sur sa bergere, elle parcourait les ou-

vrages de..... L'Abbé eut grand
foin de louer les eftampes & le
papier, mais il blâma, comme de
raifon, l'uniformité de ton, de
coloris, d'idées, qui caractérife
toutes les productions éphémeres
de cet Auteur. Il prit de là occafion de parler des fiennes, les
éleva aux nues très-modeftement,
annonça que dans l'inftant même
une petite bagatelle faifait gémir
la preffe, & pria la Comteffe d'en
accepter la Dédicace. A moi des
Dédicaces ! s'écria la Comteffe.
Oui, Madame, continua l'Abbé
en prenant un ton mielleux ; les
enfans d'Apollon, que l'intérêt
guide, portent leur encens aux
pieds de Plutus ; ceux que l'orgueil ou l'ambition dévore, le
préfentent à Junon ; pour moi,

qu'anime feul le Dieu des cœurs, je viens l'offrir aux Graces.

Mais! mais! favez-vous bien, mon cher Abbé, dit la Comteffe, que vous êtes divin, délicieux? L'Abbé ne chicana pas fur les épithetes qu'on lui donnait, fourit, lorgna le fein de la Comteffe, & déclama fon Epître.

ÉPITRE DÉDICATOIRE,

A MADAME DE.....

Je laisse le nom en blanc par délicatesse, dit l'Abbé. Si le vôtre paraissait à la tête de mon Ouvrage, mon bonheur me ferait trop de jaloux.

ÉPITRE.

Toi qu'Hébé, que Cypris verraient avec envie,
Toi qui rends à l'amour sa premiere candeur,
Toi qui sais l'embellir des traits de la pudeur,
Chere ame de mon ame ! ô ma sensible amie !
Accorde à mon ouvrage un sourire flatteur.
C'est à toi, non aux Grands, que mon cœur le dédie;
Pourraient-ils ajouter à ma félicité ?
Ma bouche sur la tienne a goûté l'ambroisie,
Tu m'aimes..... je jouis de la divinité !

Je pense, en honneur, que vous extravaguez, mon cher Abbé, s'écria la Comtesse; cette Epître ne me va pas du tout.

Pardonnez-moi, dit le cher Abbé, &
pour vous le prouver, faisons-en l'analyse.

Toi qu'Hébé, que Cypris verraient avec envie,

Convenez, Madame, que la déité de
la Jeuneffe n'a pas une peau auffi fraiche,
auffi éblouiffante que la vôtre. Oh dieux !
quel velouté ! Pour cette gorge, vous
m'avouerez que fi celle de Vénus a befoin
d'être foutenue par la ceinture enchantée,
celle-ci fe foutient d'elle-même. — Oh !
finiffez, l'Abbé, on peut faire l'éloge des
chofes fans les preffer.

Toi qui rends à l'amour fa premiere candeur,

Il eft vrai, dit la Comteffe, que je dé-
tefte la fauffeté ; & fi jamais je puis me ré-
foudre à dire *j'aime*, rien ne fera plus vrai.

Toi qui fais l'embellir des traits de la pudeur,

Fi donc ! l'Abbé, ce vers n'eft pas un
éloge. Eh ! quelles font les femmes d'une
certaine façon qui n'ont pas de pudeur ?

Chere ame de mon ame ! ô ma fenfible amie !

Le premier hémiftiche eft fort ; mais

le dernier est vrai, je suis l'amie la plus vive ! la plus chau.... Ah ! vous verrez, vous verrez. — Je l'espere, Madame.

Accorde à mon ouvrage un sourire flatteur.

Si l'Ouvrage vaut l'Epître, lui & l'Auteur le méritent bien.

C'est à toi, non aux Grands, que mon cœur le dédie ;

Pourquoi cela ? Quelle folie ! J'ai quelque crédit, j'en conviens, mais que pourrai-je faire pour vous ? — Attendez, Madame.

Pourraient-ils ajouter à ma félicité ?
Ma bouche sur la tienne a goûté l'ambroisie,
Tu m'aimes..... je jouis de la divinité !

Arrêtez, Monsieur l'Abbé, arrêtez. Ces trois derniers vers ne me vont pas du tout ; & jamais.... — Il est vrai, Madame, que jusques ici ils ne disent pas vrai ; mais Apollon a le droit de prédire ; il ne tiendra qu'à vous de ne point démentir ses oracles, & de couronner l'amour le plus pur, le plus vif ! O ciel ! que me proposez-vous ? — Ah ! Madame, pour l'honneur de l'Épître. — Non ! — Auriez-vous la cruauté de m'obliger à en faire une autre ? — Comme il vous plaira ; mais attendez-vous à la réſiſtance la plus ferme. — Je ne vous le conſeille pas, Madame ; remarquez que je ne ſuis pas taillé en athlete. — Finiſſez, dit la Dame, en profitant de l'avis qu'on lui donnait, & en ne ſe défendant que bien faiblement, finiſſez donc. — Tout à l'heure. Je n'ai plus qu'un vers à effectuer. — Je ſonnerai mes femmes. — Vous le pouvez, Madame, je les brave, je ſuis un Dieu, & l'Épître a dit vrai d'un bout à l'autre. Adieu, Madame, je ſors pour revenir bien vîte mettre à vos pieds l'hommage dont vous êtes ſi digne.

ENVOI.

L'ABBÉ va au Palais-Royal. Il est abordé par le Chevalier de ***, jeune Mousquetaire, qui lui trouve un air heureux : l'Abbé lui avoue que son air n'en impose point, lui raconte son aventure, & lui nomme son Héroïne.

La Comtesse de ***, s'écrie le Chevalier, je la connais, mon ami ; je la connais, nous avons été élevés ensemble. Un jour que nous nous amusions à jouer à Colin-Maillard, nous nous trouvâmes cachés dans le même endroit. Je n'étais pas novice ; quoique très-jeune, j'associai à nos jeux l'Amour, qui, pour rendre la partie plus piquante, mit son bandeau sur les yeux de la Gouvernante de ma petite amie. De cette aventure, la pauvre enfant fut malade pendant quelques mois : on publia qu'elle avait été inoculée ; mais on ne dit point que j'étais le Docteur. Je me rappelle l'opération avec volupté, & je ne serais pas fâché de la réitérer. Que veux-tu, mon ami ? Je suis pour les Inoculateurs, je tiens à leur système.

Il est aisé de te satisfaire, lui dit l'Abbé, voici mon Laquais qui m'apporte la brochure que j'ai promise à la Comtesse ; charge-t-en, ne lui parle point du présent que m'a valu mon Epître ; pour prix de ta peine, tu pourrais bien obtenir la même récompense. Oh! peste! la Dame est magnifique. Il prit un crayon, & mit sur la couverture du livre ces mots.

« *Une affaire indispensable m'em-* » *pêche de remplir mes engagemens,* » *on s'en charge pour moi.* » Le Pourteur vous dira le reste.

Le Chevalier était en chenille, son Cabriolet l'attendait à la porte du jardin, il s'y précipite, recommande à son Laquais de ne pas le priver du plaisir de crier ga-a-a-re, vole, arrive, remet le livre, rappelle le jour heureux du Colin-Maillard, veut reprendre ses droits; sa bouche & sa main qui se trouvent en pays de connaissance font les progrès les plus rapides.

La Comtesse est extasiée, elle tombe

des nues, dit-elle, de revoir le Chevalier, & de le revoir téméraire, de tendre & soumis qu'il était. Elle veut le punir par un petit soufflet, le Chevalier savait qu'on doit baiser la main qui nous frappe, il le fit. Il savait qu'on doit rendre le bien pour le mal, il le fit. Il savoit......... que ne savait-il pas ? Aussi, que ne fit-il point ?

Finissez donc, Monsieur le Chevalier, savez-vous que vous êtes d'une folie qui ne ressemble à rien ? Je ne veux pas sonner, crainte de scandaliser mes Gens ; mais si jadis l'imprudence de ma Gouvernante, un moment de curiosité de ma part, beaucoup d'impudence de la vôtre firent disparaître mon innocence, ne vous attendez pas au même bonheur. — Je sais bien, Madame, que lé

Phénix feul renaît de fa cendre. — Vous ne m'entendez pas. Je veux dire que vous ne triompherez pas de moi. — Eh bien, Madame, je vous céderai les honneurs de la guerre. Il eft des occafions où le vaincu cueille autant de lauriers que le vainqueur. — Quel homme ! il ne veut rien comprendre.

Les non, les fi volent quelque tems dans l'appartement ; le livre que la belle tient encore, tombe de fes mains, donne le fignal du tendre combat, fe perd quelque tems dans une infinité de falbalas, & fort tout froiffé de la tendre mêlée.

La Comteffe, très-lutinée, fe préparait à gronder le Chevalier de fon mieux ; mais il était dejà dans l'antichambre. Elle le fuivait en lui criant qu'il était un étourdi, qu'il qu'il ne lui avait pas expliqué ce que voulait dire l'Abbé par ce vers de Grécourt,

Le Porteur vous dira le reste.

Vous m'excuserez, Madame, lui répondit le Chevalier, du bas de l'escalier, j'ai rempli ma commission ; vous savez tout ; & pour aujourd'hui, le Porteur n'a plus rien à vous dire.

AVANT-PROPOS.

AVANT-PROPOS.

Du genre & de l'origine de l'Ouvrage.

LE Chevalier s'empreſſa de join-
dre l'Abbé. Celui-ci était occupé à
raconter ſon aventure au Préſident
de Perſac : le Chevalier lui fait
part de la ſienne. Oh, parbleu,
s'écrie le Préſident, l'Abbé a été
payé de la Dédicace, le Chevalier a tiré parti de l'Envoi ; je veux
aller dire à la Comteſſe, ce qui a
donné lieu à l'Ouvrage, & l'orner
d'un Avant-Propos de ma façon.
J'ai vu quelquefois la Dame, je
lui ai même une obligation eſſen-

Part. I.　　　　　　　B

tielle ; c'eſt elle qui m'a conſeillé de mettre de la Poudre à la Maréchale : je lui ai demandé la permiſſion de lui faire ma cour ; je ne puis trouver un inſtant plus favorable. Il dit, il part, il arrive.

La Comteſſe était à ſa toilette, occupée à ſourire à celle de ſes femmes qu'elle honorait de ſa confiance, & à déſeſpérer les autres. Le Préſident, après le premier compliment, apperçoit une Brochure preſque enſevelie ſous un tas de rubans & de pompons : il demande ce que c'eſt. Un Ouvrage nouveau, lui dit-on, il eſt intitulé le *Soupé.* — Ah ! je le connais ; c'eſt l'hiſtoire d'un Soupé délicieux que j'ai fait avec quelques filles à la mode, l'Auteur & un Mouſquetaire de mes amis : ils ſont auſſi tous deux,

de votre connaiſſance : — Oui, je
les connais ; comme cela : aſſez
ſuperficiellement ; mais, vous me
ſurprenez , Préſident , quoi ! vous
faites des ſoupés avec des créatures , & vous l'avouez ? Voilà qui
eſt monſtrueux ! Hélas ! Madame ,
s'écria le Préſident , en preſſant
doucement les genoux de la Comteſſe avec le ſien , pour n'être pas
apperçu de ſes femmes , je ſuis
bien excuſable ! puiſque je ne m'en-
gage dans des parties ſemblables ,
que pour oublier une ingrate que
j'aime , que j'adore & qui feint
de ne pas voir tout l'amour qu'elle
m'a inſpiré. — Mauvaiſe excuſe !
quand on eſt fait comme vous , on
triomphe tôt ou tard à force de
perſévérance , gardons cet entre-
tien pour un autre tems : je ſens

B 2

que je vous gronderais de votre peu de délicateſſe : je n'entends pas raiſon là-deſſus : parlons de l'Ouvrage de l'Abbé ; oubliez qu'il eſt de votre ami ; dites-moi franchement ce que vous en penſez. Eſt-il paſſable ? l'Auteur a-t-il évité cette ennuyeuſe ſymétrie, qui annonce les productions d'un Pédant ? Le fond en eſt-il amuſant, varié, c'eſt-à-dire, découſu ? L'a-t-il parſemé de ces traits équivoques ſur leſquels une femme décente peut, à ſon choix, gliſſer ou s'étendre en définitions ? Le ſtyle en eſt-il rapide, inégal, négligé ? a-t-il, enfin, travaillé en homme du monde, & pour les gens d'une certaine façon ?

Madame, dit gravement le Préſident, je crois pouvoir décider d'un ouvrage d'eſprit : j'ai, dans

ma tendre jeuneffe , mis le Code &
le Digefte en vers burlefques , & je
lis toutes les Brochures du jour. Je
vous affure que celle-ci aura le bonheur de vous plaire. Vous y recon-
naîtrez l'empreinte de ce fiecle
agréable qui fe moque des regles ,
& confond avec une gentilleffe fin-
guliere tous les genres , tous les
ftyles. Vous louerez l'adreffe avec
laquelle l'Auteur a fu prendre tous
les tons ; celui du Conte, du Roman , de la Paftorale , des petites
Pieces Fugitives , du Poëme fur-
tout ! voilà ce qui caufe le plus
mon admiration. Il ne faut pas dif-
puter des goûts. Monfieur Turcaret
trouve qu'une trompette marine fait
tout l'agrément d'un concert , &
jette dans une douce rêverie : je
foutiens que la Poéfie, fes portraits,

ſon emphaſe , ſon enthouſiaſme pa-
rent merveilleuſement un ouvrage
en proſe. Enfin , vous verrez. Vous
croyez peut-être que l'amitié m'aveugle ; je gage une diſcrétion , ma
belle Dame , qu'après avoir lu cette
Brochure , vous ne pourrez jamais
me dire quelle eſpece d'ouvrage
c'eſt.

Comment donc ? s'écria la Comteſſe avec admiration , ce ſera du
délicieux ? — Oui , du délicieux ;
c'eſt le mot. — D'honneur, je ſuis
comblée que le petit Abbé ait du
talent ! l'on pourra du moins s'in-
téreſſer à lui. D'ailleurs, la mort
vient de m'enlever un Serin pour
qui je veux qu'il faſſe une Epitaphe;
ma petite Chienne eſt en folie , &
je le prierai de faire ſon Epithalame.
Le champ eſt vaſte ! elle eſt char-

mante, ma petite Thisbé, & je la marie à Pirame, le petit Toutou de la grande Marquife. Vous le connaiffez ? Mais il faut mettre le tems à profit, & pendant qu'on me coëffe, foyez mon Lecteur. — Moi, Madame ? Oui, vous. — Songez, dit le Préfident, à demi voix, que vous me mettez dans le plus cruel embarras, nous trouverons des fi- tuations, dont la peinture, jointe à vos charmes, & à la paffion vio- lente que vous m'avez infpirée...... ne peuvent que me rendre l'homme le plus malheureux...... à moins que vos bontés........... La Comteffe ne répondit rien, remit, en riant, la Brochure entre les mains du Préfi- dent, fit défendre fa porte, donna une gimblette à fa Chienne, en la priant de ne point interrompre la

lecture qu'on allait faire ; & le Lecteur, encouragé par un coup-d'œil
flatteur, lut le Conte, le Roman,
l'Histoire, le Poëme, enfin, ce qui
suit, & que vous appellerez comme
il vous plaira.

LE SOUPÉ.

CHAPITRE PREMIER.

Joli Soupé manqué.

NOUS étions à la fin du mois d'Août. La chaleur exceffive de la journée, & une aventure qui m'étoit arrivée la veille, me mettoient de fort mauvaife humeur, j'étois infoutenable, & je me boudois moi-même.

Je ne favois pas trop fi j'irois bâiller dans quelqu'un de nos Spectacles, ou lorgner aux Thuilleries, quand je m'avifai de monter, pour me diftraire, chez le

Partie I.　　　　　　　　　C

Chevalier de...... jeune Mousquetaire, vif, enjoué, semillant, ne parlant jamais, comme la plupart de ses camarades, de son Major, ni des Ecuries de l'Hôtel; mais j'avois fort mal pris mon tems, il n'étoit pas de meilleur humeur que moi, & j'arrivai fort à propos pour ses gens.

Ah! mon ami, s'écria-t-il dès qu'il m'apperçut, je suis inconsolable. — Je le suis aussi; mais qu'est-ce? Aurois-tu perdu l'argent que tes parens t'envoyoient pour acheter une Compagnie de Cavalerie? — Oui; mais ce n'est pas ce qui me chagrine. A propos, qu'as-tu toi-même? Est-ce qu'il ne seroit pas question du charmant Abbé à la premiere nomination? — Bon! c'est bien ce qui m'inquiete. L'on fera tôt ou tard attention à mon mérite; d'ailleurs, je puis attendre commodément; n'ai-je pas un bon bénéfice de hasard?

Qu'appelles-tu, me dit le Chevalier en éclatant de rire, un bénéfice de hasard? — C'est le cœur d'une prude qui,

voulant arranger en secret les bienséan-
ces & ses plaisirs, nous donne la direc-
tion de ses affaires. — Ah ! fort bien ! je
comprends. Songe que je suis Chevalier
de Malthe, & que je puis posséder des
bénéfices aussi-bien que toi ; mais ap-
prends-moi enfin quel est le sujet de tes
chagrins. — Le voici ; prends part à
mon infortune. Tu connois ma vieille
Présidente ; je l'ai fait voir à tous mes
amis comme une curiosité. C'est bien
l'antique la plus rare ! Ennuyé du triste
métier d'antiquaire, je voulus me distraire
avec un morceau plus moderne que je
lorgnai au Palais.

C'est une jeune Marchande tout-à-fait
aimable. Ses yeux fripons disent aux
passans : « Messieurs, si vous voulez
» faire emplette d'un joli bijou, entrez
» ici ; adressez-vous à moi, & non à mon
» mari. »

Je l'aimai le premier jour que je la
vis, le second je lui fis ma déclaration,
le troisieme je lui écrivis un billet conçu
en ces termes :

C 2

« Je fais, mon bel ange, que votre
» mari doit paffer la nuit à la campagne;
» j'irai fouper chez vous, fi je puis me
» débarraffer d'une vieille folle qui m'ex-
» cede à force de tendreffe. Je ne mene-
» rai avec moi que l'amour; prenez foin
» de ne garder auprès de vous que les
» graces. »

J'écris enfuite à la Préfidente qu'une
migraine affreufe m'empêche d'aller chez
elle. Je donne les deux lettres à mon
Laquais. Admire mon malheur ! le butor
s'enivre ; & comme j'ai la prudence de
ne mettre jamais d'adreffe fur mes Epîtres
amoureufes, il fait le quiproquo le plus
impardonnable, & plus que fuffifant pour
le faire chaffer, fi je lui payois exactement
fes gages.

La Préfidente reçoit le premier billet,
vient furieufe chez moi, m'accable de
reproches ; & dans le tems que je cherchois à m'excufer, la Marchande, alarmée fur ma fanté par le billet que j'avois
deftiné à fa rivale, arrive, & me jette
dans le plus grand embarras : conclufion,

mon cher, l'intérêt l'emporta, comme à
fon ordinaire, fur l'amour. Je fus obligé
de congédier Hébé pour traiter Cibelle ;
mais parbleu je m'en vengeai bien, & je
lui fis chere très-mince.

Je partage tes chagrins, me dit le
Chevalier ; écoute, & tu conviendra que
je fuis auffi malheureux que toi.

CHAPITRE II.

Le Chevalier raconte comment il a manqué aussi un Soupé charmant. Tour de vieux Mousquetaire. Projet d'un Soupé plus heureux dans une petite maison.

J'ÉTOIS avant-hier à l'amphithéatre de l'Opéra ; fort ennuyé d'y voir des hommes qui faisoient des efforts inutiles pour ressembler à des monstres, & de petits monstres qui, malgré tout l'art imaginable, avoient à peine figure humaine ; j'allois sortir, quand je vis paroître un ange sous l'habit d'une furie.

Je l'avouerai, mon cœur fut frappé. Quel dommage, m'écrié-je, qu'une si belle enfant, profane ses belles mains en agitant la torche infernale, & qu'elle doit avoir bien meilleure grace , lorfqu'elle joue avec le flambeau de l'amour !

Un de mes camarades qui étoit avec moi, s'apperçut de l'impreffion que la danfeufe faifoit fur mon cœur ; il me quitta , & revenant au bout d'une demi-heure : tranquillifes - toi , me dit - il , tu verras de près la beauté qui te charme. Le Duc de........ à qui elle appartient , ne va pas ce foir chez elle , j'ai obtenu la permiffion d'occuper fa place. A dix heu-res précifes , on portera chez la belle un Soupé fin , délicat , que je viens de faire ordonner. Nous humaniferons la Furie , & nous la lutinerons à notre tour.

J'eus feulement le tems d'embraffer mon ami , parce que la danfeufe repa-roiffoit. La volupté dirigeoit fes mouve-mens ; mon ame les fuivoit tous , & mon imagination , perçant à travers les vêtemens de l'Euménide , me fai-foit voir l'olympe caché fous la livrée des enfers.

Nous nous promettions tous les plaifirs

des Dieux, quand le Duc de...... que nous ne connoiſſions pas, qui étoit der-riere nous, & qui avoit entendu tous nos complots, ſut bien trouver le moyen de les déranger. Il courut chercher celui de nos Officiers qui étoit de garde à ce Spectacle; & nous montrant de loin : « Je » vous avertis, lui dit-il, que ces deux » jeunes gens ont formé le deſſein de ſe » couper la gorge en ſortant d'ici : croyez- » moi, mettez-y bon ordre en vous aſſù- » rant d'eux. » Eh, le bourreau ! c'étoit lui qui nous aſſaſſinoit.

Notre Officier remercia le Duc, obli-gea mon Camarade & moi de monter dans une voiture, nous ramena chacun chez nous, où il nous ordonna les arrêts juſqu'à nouvel ordre ; & nous avons paſſé, en enrageant, cette même nuit que nous deſtinions aux délices.

Enfin, je peſtois encore ce matin dè grand cœur, quand j'ai vu entrer chez moi l'Officier qui nous avoit arrêtés. Il étoit avec mon Camarade ; il nous a ra-conté la ſupercherie du Duc qui venoit de l'en inftruire , en nous invitant tous trois à dîner. Cet aimable Seigneur nous a tant preffés de nous rendre à fes invitations , le plus fouvent qu'il nous feroit poffible, en échange du Soupé qu'il nous avoit efcamoté , nous a priés avec tant de graces d'excufer un tour de vieux Camarade , que nous avons plaifanté nous-mêmes fur notre aventure. Cependant j'enrage ! voilà une nuit délicieufe que j'ai perdue.

Mon ami , dis-je au Chevalier , en l'embraffant avec tranfport, tu te montres digne de moi. Qu'il eft beau de voir deux jeunes gens fentir le prix du tems , & gémir de le perdre ! C'eft peu de nos regrets ; le Préfident de Perfac m'attend , il brûle de faire connoiffance avec toi , allons lui demander à fouper dans fa petite Maifon : je t'affure que demain le jour en paroiffant ne nous fera pas rougir.

CHAPITRE III.

Preuve d'une vocation très-décidée pour la Robe. Départ pour la petite Maison. Accidens sur la route. Aventure chez un Commissaire.

LE Chevalier accepta avec transport la partie que je lui proposois. Nous nous jetâmes dans son carrosse : il salua fort poliment en sortant, tous les créanciers qui assiégeoient sa porte, & nous arrivâmes bientôt à celle du Président, où j'eus une dispute avec le Suisse, qui ne vouloit pas me laisser entrer. Il prétendoit que son jeune maître étoit en méditation ; je lui dis un mot à l'oreille, il sourit, & nous montâmes.

Le Chevalier tâchoit en vain d'accorder le motif de notre visite avec la pré-

tendue méditation du Préfident. Perfac,
à qui je fis remarquer fon embarras, lui
parla ainfi : « Je me fuis deftiné toujours
» à la Robe. Je puis dire, fans vanité,
» que la nature m'a vifiblement formé
» pour cet état, puifqu'elle m'a donné
» un teint trop frais, trop délicat pour
» réfifter aux fatigues de la guerre, &
» des cheveux fi beaux, comme vous
» voyez, que ce feroit un meurtre de les
» cacher dans une bourfe, ou fous un
» cafque.

» Mon pere, qui, par malheur, eft
» un dévot à trente-fix carats, me trou-
» voit un air trop diffipé, & refufoit de
» m'acheter une charge. Une parente
» de ma mere, vieille, & dévote auffi
» par conféquent, qui loge avec nous,
» & de qui j'attends beaucoup de bien,
» refufoit, par la même raifon, de me
» faire un état, quand le charmant Abbé
» me donna le falutaire confeil de faire
» le Tartuffe. J'ai obtenu tout ce que je
» défirois à l'aide de ce perfonnage ridi-
» cule, que je ne joue que chez moi, &

» dont je me dédommage amplement,
» quand une fois j'ai pris l'effor. Ah!
» vous verrez , vous verrez ce foir. »

Il alloit continuer , lorfqu'on annonça
Monfieur de Saint - Val. Bon ! dit le
Préfident ; c'eft un moralifte qui blâme
fans ceffe ma complaifance pour les
beautés à la mode ; j'ai envie de l'in-
viter à fouper à la campagne ; là ,
je mettrai à fes trouffes une petite
Créature tout adorable , qui , en le
faifant tomber dans les foibleffes qu'il
me reproche , me mettra , pour toujours , à l'abri de fes ennuyeux fer-
mons.

Nous applaudîmes tous à l'idée de
Perfac : il donna tout bas fes ordres
à fon Valet-de-Chambre ; Monfieur
de Saint-Val entra : le Soupé fut offert,
accepté , & nous nous précipitâmes
tous quatre dans le carroffe du Chevalier, en ordonnant aux autres de nous
fuivre.

Nos chevaux alloient comme le
vent ; notre Cocher frappoit les paf-

sans par l'énormité de ses moustaches,
& la grandeur de son bouquet : les
Laquais faisoient les mines les plus
indécentes aux Filles de boutiques :
deux gros chiens qui couroient devant
nous, étourdissoient la pauvre infanterie :
enfin, tout annonçoit un équipage du
bel air. Le Chevalier jouissoit des
éloges prodigués à tous ses animaux,
quand un maudit Fiacre s'embarrassa
dans nos roues, & fut fracassé dans la
minute.

Un gros Moine, & un petit Abbé
extrêmement joli, qui étoient dans la
voiture délabrée, furent mollement
étendus dans la boue. Leur Phaéton
veut se fâcher. Le nôtre lui adminis-
tre d'un air de dignité, une volée de
coups de fouet ; la Populace nous entoure ; le Guet survient, & nous sommes
forcés d'aller chez un Commissaire,
qui, fier de voir arriver si bonne Com-
pagagnie, prend tout de suite la morgue
de son état.

Il demanda gravement au Religieux

qui il étoit. Je suis, lui répondit l'homme
au froc, Procureur-Général des..... &
ce petit Abbé que vous voyez est mon
neveu. Oh! comme il mentoit! on va le
voir.

CHAPITRE IV.

Suite de l'aventure chez le Commissaire. Accident imprévu qui arrive au petit Abbé. Le Boulevard.

LE pédant, en robe, s'adreſſa enſuite à nous, & demanda notre nom, notre état. Nous le priâmes de nous diſpenſer de le dire ; nous offrîmes de payer largement tous les dommages que nous avions cauſés, & ſur-tout ſes peines, s'il vouloit nous renvoyer ſans entrer dans un plus long détail : mais il inſiſtoit d'un ton impertinent, quand le petit Abbé, qui avoit tenu ſon mouchoir ſur ſes yeux, bien plus pour ſe cacher, que pour eſſuyer ſes larmes, pouſſa les hauts cris, ſe renverſa ſur le plancher & accoucha.

Nous criâmes au miracle. La Femme du Commiſſaire, la Servante, le Laquais de la maison, le Clerc, les Soldats, tout s'empreſſoit de ſoulager l'accouchée en rabat. Le Commiſſaire même avoit pris un air compatiſſant, quand tout à coup il fit changer la ſcene.

Dieux ! s'écria-t-il, en examinant de plus près le faux Abbé, que vois-je ? C'eſt Manon ! la perfide ! qu'on la conduiſe à l'Hôpital....... Quel objet frappe mes yeux ! pourſuivit d'un autre côté la femme du robin ſubalterne. Elle eſt avec le Pere ****, elle n'eſt que trop coupable ! qu'on exécute vîte les ordres de mon mari.

Arrêtez ! cruel ! dit le Religieux, qui juſque-là avoit reſté comme foudroyé ; arrêtez, & reſpectez une infortunée qui feroit moins criminelle aux yeux du Commiſſaire & de ſa femme, ſi elle eût voulu écouter les propoſitions de l'un, & ſi l'autre ne l'accuſoit pas de lui avoir enlevé mon cœur.

A ces mots, la ſcene varia encore. Les deux époux qui étoient ſi bien d'intelligence pour accabler Manon, s'accablerent

blerent eux-mêmes des reproches les plus fanglans. Perfide! — volage! — libertin! — la ruine! &c....

Eh bien, oui, pourfuivit fiérement le Commiffaire, en fécouant fon énorme perruque, & en apoftrophant fa refpectable époufe, j'ai fuivi votre exemple. J'ignorois vos intrigues avec le Moine, mais je m'étois apperçu de vos complaifances pour le Clerc. — Et moi, de celles que vous avez pour ma Cuifiniere. Vous la chargez fouvent d'une befogne dont je m'acquitterois auffi-bien qu'elle.

Oh! puifque la chofe eft ainfi, s'écria le Laquais, la Cuifiniere eft groffe; mais mon maître peut payer les frais de fes couches, ou la faire époufer à Monfieur le Sergent que voilà : toutes les fois qu'il amene ici quelqu'un, il lui fait la cour, il lui a même donné ce Perroquet, & ce n'eft pas pour enfiler des perles ... Suffit, je fais ce que je fais ....

Le bruit augmenta avec le nombre des intéreffés. Le Perroquet, enchanté de fe voir un des acteurs de l'aventure,

Partie I.   D

répétoit, en riant, tous les mots qu'il entendoit, ce qui faifoit un concert plaifamment ridicule.

Nous priâmes malignement Monfieur le Commiffaire de nous expédier, & de dreffer un procès-verbal bien circonftancié de tout ce que nous avions entendu. Il nous envoya promener, nous le prîmes au mot ; & nous volions vers la petite maifon, lorfqu'en traverfant le Boulevard, nous nous trouvâmes, fans nous en appercevoir, engagés dans la multitude des Carroffes qui l'embelliffoient ce jour-là. Nous nous amufâmes quelque tems à confidérer l'étourderie à cheval, le libertinage en robe de brocard ; la coquetterie enfevelie fous le fard, les pompons & les diamans ; la moderne opulence infulter du haut d'un char traîné par fix chevaux, à l'honnête pauvreté qui rampoit dans les allées des côtés : mais nous prîmes de l'humeur en voyant qu'il nous étoit impoffible de rompre la file.

Une Bouquetiere s'accrocha à l'une de

nos portieres , & fut d'abord très-mal reçue ; cependant elle étoit si jolie, elle avoit une petite mine si friponne, elle préfentoit fa marchandife de si bonne grace , & poliffonnoit si joliment , en nous l'offrant, que peu à peu nous nous humanifâmes. Nous chiffonâmes fes bouquets & fon mouchoir, nous la priâmes de nous raconter les aventures des femmes qui nous entouroient : volontiers , nous dit-elle , je fuis inftruite, j'ai plus d'un talent, plus d'un commerce , & je commence.

CHAPITRE V.

*La Bouquetiere raconte les aven-
tures de plusieurs Nymphes du
Boulevard.*

VOYEZ-VOUS cette Danseuse qui,
pour faire croire qu'elle est toujours vive,
sautille même dans son Vis-à-vis ? Elle
me boude ; elle a raison. Je lui jouai,
l'année derniere, un trait sanglant.

Un jeune Seigneur la vit, la trouva
assez drôle, voulut l'avoir, chargea un
demi bel esprit, son complaisant, de la
lui procurer ; celui-ci me donna à son
tour cette commission, & me mit de la
partie carrée.

Croiriez-vous que cette petite Prin-
cesse fut choquée de se trouver avec moi ?
Je lui représentai que s'il y avoit quelque
différence entre nous, elle étoit à mon
avantage, puisque je vendois journelle-

ment des fleurs qui n'étoient point fanée , & que personne ne s'étoit jamais plaint de leurs épines. Elle ne goûta pas mes raisons ; je voulus l'en punir , & j'agaçai si bien le Marquis , que je l'amenai au point de comparer mes charmes l'un après l'autre. Tout bien examiné , j'eus le Marquis , le Complaisant lui resta ; je fus ramenée à la Ville , triomphante dans un char à six chevaux fringans comme moi ; & elle n'eut pour équipage qu'une brouette , à laquelle elle força le demi bel esprit , si souvent mystifié , de servir de diligence.

Examinez la petite Joujou ; elle est toujours jolie, toujours courue ; cependant ses gens ne sont pas aussi richement mis que l'année derniere. Son Carrosse est moins brillant. Elle ne change plus de chevaux tous les mois: d'où vient cela? Je le sais bien. C'est qu'elle a un coup de soleil pour un Cadet de Gascogne qui la ruine. Il est vrai qu'elle n'est pas fille à perdre d'un côté sans gagner de l'autre. Elle met tous les soirs sa bourse à côté de fa bougie de nuit , & permet à fon amant de prendre deux louis toutes les fois qu'il lui donne une preuve fenfible de fa tendreffe. Ses amis ont beau lui dire qu'elle eft la dupe du marché , que les habitans de la Garonne triche à tous les jeux : elle répond que les femmes s'embarraffent fort peu d'être trompées , pourvu qu'elles le foient bien.

Ah ! ah ! la divine Raton n'a qu'une Remife. On voit bien qu'elle a perdu fon cher oifeau , cet oifeau précieux qui lui valoit quinze louis par jour, & une bonne nuit. Vous riez ? Cet oifeau qui procure quinze louis par jour & une bonne nuit, vous fait faire des jugemens téméraires. Ecoutez-moi , & rougiffez d'avoir eu mauvaife opinion de votre prochain.

Raton avoit un Perroquet fuperbe & très-bien inftruit, puifqu'il poffédoit le jargon des couliffes. Un jour que la Raton étoit preffée d'avoir de l'argent, elle s'avifa de faire une loterie de fon cher Perroquet. Il eft eftimé quinze louis , le fort décide en faveur d'un jeune Abbé qui, trop poli pour vouloir profiter tout feul de fon bonheur, offrit de rendre le Perroquet à des conditions fi honnêtes, qu'elles furent bientôt acceptées. On prit goût aux loteries. On en fit réguliérement tous les jours qui eurent le même fuccès ; mais hélas ! l'inconftante fortune accorda le Perroquet à un vieux Officier que la Raton avoit fouvent raillé fur fon âge. Il fauta avec empreffement fur l'animal ; & lui tordant le cou, il l'apporta à notre Héroïne, en lui difant malignement : « Mademoifelle, je vous le remets » dans un piteux état ; mais à mon » âge, cela ne peut guere être autre » ment. J'efpere que vous ne m'en vou » drez point ; je fuis bien plus à plaindre » que vous.

Autres faifeufes de loterie ! voyez-vous ces deux figures plâtrées qui rempliffent de leur rotondité cette énorme Berline. Elles étoient, l'été dernier, à Rouen, où elles annoncerent que, laffées de leurs diamans, elles vouloient en faire

une loterie. Leurs adorateurs s'empreſ-
ſent de prendre les billets. Elles tou-
chent l'argent, remettent le jugement du
ſort au lendemain, partent dans la nuit,
& laiſſent une lettre circulaire conçue
en ces termes : « Nous nous ſommes en-
» fermées ſeules dans notre apparte-
» ment ; nous avons tiré la loterie ; ma
» ſœur a gagné les deux colliers, moi
» les boucles d'oreille & les ſultanes.
» Nous ſommes heureuſes, comme vous
» voyez. Adieu. »

Bon ! j'apperçois la Baronne de.........
avec ſon mari : c'eſt moi qui les ai ré-
conciliés. Je fais quelquefois de bonnes
œuvres, comme vous voyez ; témoin
celle-ci.

La Baronne vivoit depuis long-tems
avec ſon mari, comme s'ils euſſent été
ſéparés. Elle n'eſt pas femme à ſouffrir
patiemment les ennuis du veuvage. Elle
me confia ſes chagrins, & me pria de
lui prêter ma maiſon pour y voir dé-
cemment ſes conſolateurs. J'y conſentis.
Je la ſervis avec tout le zele, toute la
diſcrétion

difcrétion poffible , croyant qu'elle pro-
portionneroit la récompenfe aux fervices ;
point du tout ! La Baronne , qui avoit la
fureur des jeunes gens , & qui par conféquent étoit chargée des frais , ne me
donnoit qu'un louis par femaine. Je fus
piquée. Je réfolus de m'en venger : voici
comment.

Un jour que la Dame attendoit compagnie chez moi , je courus chez fon
mari ; je lui dis qu'une femme jeune ,
jolie , folle de lui , l'attendoit dans ma
maifon ; il couroit les aventures , celle que
je lui propofois ne l'effaroucha pas ; il
vola , & trouva fa digne femme. Furieux ,
égaré , ne fe poffédant pas , il l'accabla de
reproches , & alloit peut-être faire pis ,
quand l'adroite femelle , tirant tout-à-coup
un grand mouchoir , s'écria , en fanglo-
tant : « Trop cher & trop perfide époux !
» me voilà donc bien certaine des infidé-
» lités que tes froideurs ne m'annonçoient
» que trop ; j'en mourrai ! N'importe ; je
» fuis enchantée d'avoir eu recours à cette
» rufe pour me convaincre entièrement de

» mon malheur, & me hâter de quitter
» une vie à laquelle rien ne peut défor-
» mais m'attacher, puisque je perds le
» cœur du seul objet que j'adore. »

A ces mots, elle se renverse sur un canapé, sa gorge s'enfle, ses membres se roidissent, ses dents serrées ne laissent échapper, avec peine, que quelques cris plaintifs ; elle reste enfin sans mouvement.

J'avoue que j'aurois été la dupe de l'évanouissement, si, pour me mettre dans ses intérêts, la belle pâmée n'eût glissé dans mes mains un diamant de prix. Alors mon zele pour elle se ranima. J'accablai de reproches le mari, qui, pénétré d'amour, de respect, de reconnoissance, se jeta aux pieds de sa femme pour lui demander pardon de ses égaremens & de ses infidélités. Je crus qu'il étoit tems de me retirer. Je regardai à travers la porte ; je vis le Baron signer la paix, & jurer que la Baronne étoit la plus vertueuse, la plus respectable des femmes, sur ce même canapé qui avoit été si souvent témoin du contraire.

A peine l'histoire de la Baronne étoit-elle

finie, que cette Dame falua Perfac ; il en
rougit, en nous avouant qu'elle étoit fa
coufine. Le Chevalier le perfifla tant fur
fa rougeur déplacée, que la Bouquetiere
nous propofa de l'en punir, en nous faifant
part d'une aventure qui lui étoit arrivée
avec une femme qu'elle nous montra dans
un carroffe. Le Chevalier le lui défendit.
Nous l'en priâmes au contraire, & elle
nous fatisfit.

CHAPITRE VI.

*Le nouveau Débarqué. La fauſſe
Généreuſe. Le faux Milord.*

REMARQUEZ bien notre Héroïne,
nous dit la Bouquetiere ; examinez comme
elle porte fiérement ſa tête , comme
elle ſait ſe donner un air de grandeur.
M. le Chevalier , encore jeune , nou-
vellement débarqué , & novice , puiſqu'il
faut trancher le mot , la vit à cette même
promenade , la trouva charmante , divine ,
adorable ; mais ébloui par le brillant
de ſon carroſſe , par la quantité de ſes
diamants , il la prit tout au moins pour
une Ducheſſe , & n'oſa la lorgner qu'à
la dérobée.

La Dame , qui s'apperçut de ſa bonne
fortune , encouragea le Chevalier en le
regardant à la faveur de ſon éventail ; le
ſecond jour , elle lui ſourit ; le troiſieme ,

elle accepta un bouquet que je fus chargée d'apporter à fa portiere ; le quatrieme , elle lui permit de monter dans fon carroffe pour le remercier , & lui fournir l'occafion de déclarer fa paffion ; le cinquieme , elle avoua que , née avec un cœur tendre , elle n'avoit pu réfifter aux regards pleins de flamme du Chevalier : qu'elle s'étoit informée de fa naiffance , de fes mœurs , qu'elle en étoit affez contente ; mais que n'étant pas de ces femmes frivoles qui forment un engagement en l'air , elle veut éprouver fon amant avant de fe faire connoître ; le fixieme jour , elle demande du tabac au Chevalier , fe récrie fur la petiteffe de fa boîte , & lui en offre une magnifique , qu'il ne veut point accepter.

Enhardie par ce refus , la Dame préfente une montre fuperbe , qu'on refufe auffi très-poliment. Il eft délicieux , s'écria-t-elle ! eft-ce qu'on fait des façons pour des miferes femblables , quand on s'aime ? Vous verrez que fi j'avois fantaifie d'un des bijoux du Chevalier , il feroit le cruel. — Ah ! Madame, que ne suis-je affez heureux pour avoir quelque chofe qui pût vous plaire ? — Vous feriez enchanté de m'obliger, n'eft-ce pas ? Eh bien, je veux vous procurer ce plaifir. Mes femmes ont oublié de mettre de l'or dans ma bourfe, je dois aller jouer, prêtez-moi cinquante louis jufqu'à demain. Quoi ! tout de bon ? Il ne fe fait pas prier ? Il eft tout-à-fait charmant ! je les accepte. Adieu, mon cher chevalier, à demain. Je vois bien qu'il faudra finir par être reconnoiffante, & que la belle réfiftance que j'avois projetée, n'ira pas à la huitaine. Eh bien, voilà les femmes.

Je voudrois pouvoir vous peindre la joie, l'enthoufiafme du Chevalier ; il fe figura que les cinquante louis avoient été empruntés pour l'éprouver. Il invita à fouper fes amis & fes moindres connoiffances, pour leur dire qu'il avoit fait la conquête la plus brillante. Il ne dormit pas. Il épuifa toutes les reffources de la parure, & vola au rendez-vous, où la

Dame le reçut avec de grands éclats de rire.

Avoue , mon roi, lui dit-elle , que j'ai tout l'air d'une femme de qualité. Il eſt vrai que je ſuis ſix mois de l'année dans mes terres ; ici , je ſuis ce qu'on appelle une fille. J'ai un caprice pour toi, viens ce ſoir à minuit dans telle rue , telle porte cochere , tel étage , m'apporter la quit-tance de ma dette ; je veux m'en acquitter dans les bras du plaiſir.

Pour cette fois , le Chevalier , devenu tout-à-coup plus diſcret , ſe garda bien de réunir ſes amis pour leur faire part de la ſuite de ſon aventure. Ce ne fut qu'après bien des réflexions qu'il ſe dé-termina à la raconter à l'un de ſes pa-rens , & à le prier de l'aider à rattraper ſon argent. Celui-ci y conſentit , & en vint heureuſement à bout ; voici com-ment.

Il ſe para magnifiquement , monta dans un carroſſe ſuperbe , & vola au Boulevard. Voir la Dame , la lorgner, lui ſourire , lui envoyer des bouquets , lui faire demander la permiffion d'entrer dans fon carroffe, l'obtenir, ce fut pour lui l'affaire de deux jours.

Notre aventuriere s'empreffa d'affecter une prodigalité qui l'avoit enrichie. Elle préfanta la boîte & la montre qu'elle avoit offerte au Chevalier, y joignit un flacon fuperbe, en faveur de l'accent Anglois que le faux Amant avoit pris; mais elle ne fut pas peu furprife, quand, au lieu de faire cette belle réfiftance à laquelle elle s'étoit attendue, le Milord empocha fes bijous, & jura, en très-bon François, de les garder jufqu'à ce qu'elle eût rendu les cinquante louis qu'elle avoit empruntés à fon coufin. La fauffe Généreufe eut beau avoir recours aux mines, aux agaceries, il fallut finan-cer; & elle jura, fur fa bourfe, de n'avoir déformais pas même l'ombre de la géné-rofité.

Le Préfident prit fa revanche, perfifla le Chevalier, qui avoua de bonne foi avoir été très-novice en arrivant à Paris; & la Bouquetiere continua.

Admirez , je vous prie , la vanité de Rosette , qui me regarde par dessus l'épaule , parce qu'elle a un carrosse , des gens & des diamants. Ignore-t-elle que je suis dans l'âge de plaire , & qu'elle commence à vieillir ? Il ne me faut qu'un bon moment pour devenir opulente. Un mauvais quart-d'heure peut , au contraire, culbuter sa fortune , changer son carrosse en tonneau , & lui faire reprendre le titre modeste de Ravaudeuse. Les filles ne brillent pas long-temps , & ressemblent tout-à-fait aux fleurs que je porte. On les a cultivées avec soin pour les vendre ; un manant les a cueillies : aujourd'hui un Petit-Maître les paiera beaucoup plus cher qu'elles ne valent : demain , graces aux soins qu'on aura pris pour leur conserver un reste de fraîcheur , elles passeront dans les mains d'un Valet-de-chambre : après demain , elles seront jetées dans la rue , & deviendront le partage de la canaille.

La morale de la Bouquetiere nous amusoit assez ; mais notre Cocher trouva le secret de se débarrasser de la foule, nous payâmes largement l'historien femelle du Boulevard, & nous arrivâmes, en riant, à la petite Maison. L'on verra, dans le Chapitre suivant, quelles personnes nous y attendoient.

CHAPITRE VII.

Le petite Maison..... Le Bain......
Agréable surprise.

LA petite Maison de Persac est char‑
mante. Les appartemens en sont très‑
bien distribués ; tous les meubles y affi‑
chent la volupté. On sent en mettant le
pied dans ce séjour enchanté, que c'est
le temple du plaisir, & l'on est dévoré
du désir d'y sacrifier, dût-on y servir de
victime.

Un parterre simple, mais bien dessiné,
charme l'odorat & les yeux par la diver‑
sité des fleurs dont il est orné. Zéphyre
y trouve Flore plus belle que par-tout
ailleurs ; aussi y soupire-t-il plus agréa‑
blement.

Deux petits bois touffus bornent
agréablement la vue, & s'opposent aux
regards curieux des voisins. Ils semblent

annoncer par leur obſcurité qu'ils ſont deſtinés aux plus myſtérieux des ſacrifices. Nous nous enfonçâmes dans celui que nous trouvâmes ſur notre droite ; il recéloit un baſſin dont l'eau étoit ſi claire, qu'elle répétoit juſqu'aux plus petites feuilles des arbres qui l'entouroient. « Amis, s'écria le Préſident, le ſoleil » va ſe précipiter dans l'onde, imitons- » le : peut-être chacun de nous trouvara- » t-il une Thétis qui le recevra dans ſon » ſein. »

Le ſévere M. de Saint-Val goûtoit beaucoup notre partie ; il en faiſoit l'éloge, quand une tente, placée à l'extrêmité du baſſin, frappa ſes regards. Il s'informa de l'uſage auquel elle étoit deſtinée : c'eſt, lui dit Perſac, une conſerve où ſont renfermés des poiſſons très-délicats : j'eſpere vous en faire goûter. Ils ſont ſi peu difficiles à prendre, qu'ils courent ſouvent après le pêcheur, & viennent mordre à l'hameçon juſque dans la main.

A peine avoit-il fini de parler, que

nous entendîmes donner du cor. Nous treffaillîmes tous fans favoir pourquoi. La tente difparut, & nous laiffa voir quatre jeunes beautés, dont les charmes à demi cachés dans l'onde, changerent le bain en baffin de feu.

L'une de ces belles étoit une grande brune, qui en impofoit par fon air majeftueux; auffi repréfentoit-elle Diane dans fon bain. Elle étoit taillée en Sabine & non en Grace; mais fes attraits, quoiqu'en gros volume, ne faifoient pas moins défirer à tous ceux qui la voyoient, de jouer avec elle le rôle d'Endimion.

Les trois Nymphes, qui s'empreffoient à fervir la Diane, offroient des charmes plus délicats, plus mignons, faifoient contrafter, avec fon air de grandeur, leurs mines enfantines, & partageoient nos hommages.

Quelle fut la furprife du Chevalier & la mienne, quand nous reconnûmes, lui fa Danfeufe, & moi ma petite Marchande! nous volions à elles; la Diane, nous arrêtant : « Téméraires, nous dit-

» elle , ignorez-vous l'hiftoire d'Actéon ?
» Vous apprendrez comme je punis les
» audacieux : bientôt les cornes vont
» pouffer de toutes parts. » Elle nous jeta
en même tems de l'eau avec fes belles
mains , de fi bonne grace , que nous nous
apperçûmes bien vîte de la métamorphofe.

Un éclat de rire , prefque général , mit
fin au férieux qu'affectoient nos divinités.
« Je connois mieux la Mythologie que
» mon Code , leur dit le Préfident , la
» Nymphe des bois ne métamorphofa
» Actéon en cerf que parce qu'il eut l'in-
» civilité de fuir après avoir contemplé
» tous fes charmes : ce font de ces torts
» que les beautés céleftes pardonnent auffi
» peu que les terreftres. Vous voyez que
» nous fommes plus polis , traitez-nous
» plus favorablement. Les Déités tinrent
» confeil. Le réfultat fut que la divinité
» leur feroit à charge fi le plaifir de s'hu-
» manifer leur étoit défendu ; & elles
» nous tendirent les bras. »

CHAPITRE VIII.

L'attrait du plaisir. Triomphe de la philosophie de Saint-Val. On sort du Bain.

L'ATTITUDE de M. de Saint-Val étoit extrêmement comique. Il avoit resté immobile depuis l'apparition des Nymphes, les yeux attachés sur elles, & la bouche à demi ouverte, comme pour respirer la volupté, ou laisser exhaler le feu qui le dévoroit.

Il s'apperçut, mais trop tard, que Persac lui avoit tendu un piege. Une mauvaise honte l'empêchant de céder, alloit lui faire prendre la fuite, quand le plaisir vint à combattre cette rivale, qui, toute foible qu'elle est, ne laisse pas de lui enlever quelques sujets; le plaisir se peignit des couleurs les plus vives dans les yeux de ses Prêtresses; il soupira; il fourit fur leur bouche ; il palpita fur leur fein.

Les feuilles des arbres fembloient, en s'agitant, répéter plaifir ! plaifir ! le ruif-feau qui enrichiffoit notre bain de fes tributs, paroiffoit, en tombant de caf-cade en cafcade, peindre le plaifir aux rives fleuries qu'il arrofoit ; l'air qui nous entouroit étoit le plaifir lui-même. Enfin, M. de Saint-Val céda de bonne grace. Il vola comme nous pour couvrir de mille baifers, mille charmes différens. Et le défir vint, fon fceptre à la main, achever de bannir tous fes fcrupules.

Une Coquette bien adroite eft une enchantereffe qui fait fe varier, qui fait fans ceffe éprouver de nouveaux défirs ; tendre, paffionnée, emportée, volup-tueufe, elle réunit les charmes de toutes les femmes, & l'on croit toujours la voir pour la premiere fois. Telles étoient nos belles.

Nouveaux Protées, elles prirent dans un inftant cent formes différentes. La derniere nous paroiffoit toujours plus féduifante.

féduifante. Elles eurent vingt caprices ; tous tournerent au profit de l'amour.

Tantôt douces, complaifantes, c'étoient de tendres tourterelles qui frémiffoient doucement de plaifir à l'approche de leur compagne. Tantôt fieres & féveres, elles nous déroboient malignement les trois-quarts de leurs charmes en troublant l'eau : mais peu à peu l'onde devenoit plus claire qu'un cryftal, & les tréfors qu'elles avoient quelque tems cachés, nous paroiffoient plus précieux.

La Diane & fes Nymphes nous obligerent à nous éloigner. Elles fe parerent de robes de taffetas rofe, chaufferent des brodequins de la même couleur, chargerent leurs épaules d'un léger carquois, & difparurent en nous décochant quelques fleches ; les plus dangereufes ne partoient pas de leurs mains.

Nous cherchâmes vainement nos habits. Nous fûmes obligés de compofer auffi notre parure avec des robes, des brodequins, des carquois que nous trouvâmes fous notre main, & nous courumes après nos fugitives , bien certains de ne pas tarder à les rejoindre. L'amour devoit ralentir leur courſe , & précipiter la nôtre.

Elles étoient cachées en embuſcade à l'entrée du bois. Dès que nous parûmes , elles nous agacerent en nous jetant des fleurs à la tête , & dirigerent leur courſe vers le Labyrinthe pratiqué dans le ſecond boſquet : on devine aſſez qu'elles avoient deſſein de nous y attirer.

CHAPITRE IX.

Le Labyrinthe...... Plaisante façon
de jouer la Comédie.... On soupe...
Nouveau plan d'amusement.

NOUVEAUX Théfées , nous nous
enfonçâmes dans le Labyrinthe. Nos Aria-
nes qui avoient projeté de s'y perdre avec
nous , se garderent bien de nous faire présent d'un peloton de fil. Le milieu de
ce dédale forme un salon de charmille.
Tout autour sont pratiqués de petits cabinets parés d'un seul sopha de gazon ,
& d'une tapisserie de chevre-feuille entre-
lacée avec du jasmin & des roses.

Nos beautés prirent dans ce séjour charmant , un air plus mutin , plus agaçant.
Elles se jeterent d'elles-mêmes sur l'herbe
fleurie , qui , en se relevant autour d'elles ,
sembloit nous cacher leurs charmes exprès
pour nous inspirer le désir de l'écarter ,

& de nous venger en la foulant volup-
tueusement.

Déjà la plus vive impatience animoit
nos regards & nos gestes, quand la
Diane proposa de jouer au Corbillon.
L'idée nous parut extravagante, les Nymphes la trouverent divine ; il fallut céder à
ce nouveau caprice ; heureusement deux
rimes, tout au plus, leur étoient fami-
lieres ; elles eurent bientôt épuisé leurs
gages. Persac fut d'une voix unanime élu
Juge. On le couronna de fleurs ; & prenant l'air & le ton qui convenoit à sa
dignité, il ordonna à chacune de ses
clientes de se choisir un second pour aller
méditer avec lui dans un des cabinets de
chevre-feuille.

La pénitence n'étoit pas désagréable,
aussi fut-elle acceptée, & exécutée de
très-bonne grace. La Diane s'empara de
Persac. La Danseuse qui avoit triomphé
de Saint-Val, voulut jouir de sa victoire,
au grand regret du Chevalier. Je riois de
son dépit, quand ma petite Marchande
le vengea, en lui donnant la préférance

fur moi. Je me confolai bientôt avec Mademoifelle Sophie, fort jolie Actrice de Province, qui me fit l'honneur de me choifir pour jouer un rôle tendre avec elle.

Sophie me fit voir qu'elle eft pour le moins auffi bonne Actrice fur le gaçon que fur les planches. Oh ! quelle a les geftes beaux ! que fon coup-d'œil eft expreffif ! qu'elle fent bien le rôle qu'elle joue ! qu'elle fait bien enfin donner de l'ame à la paffion !

La toile fe leva, & me laiffa voir une décoration, dont le fond blanc, mais légérement chamarré de rouge, de bleu, & d'un noir d'ébene, frappoit non-feulement la vue, mais tous les autres fens.

Ma bouche ouvrit la Scene, & en joua une des plus agréables, qui fervit de prologue. Sophie me propofa de repréfenter Zaïre, j'applaudis à fon choix. Je crois être Orofmane. Je mets ma vie & mon Sceptre aux pieds de Zaïre : mais bientôt ma tendreffe fe change en fureur : je me précipite vers mon amante : le poignard brille à fes yeux, pour dif-paroître dans fon fein : elle s'écrie : je me meurs ; je deviens furieux ,.......... je m'agite ,...... je verfe un torrent de lar-mes amoureufes ,....... & je meurs à mon tour.

Nous donnâmes un peu de relâche au Théatre ; mais il fut court. L'Actrice, exacte fur les ufages, voulut jouer une feconde Piece ; elle choifit l'Oracle, pour avoir le plaifir de careffer Char-mant, & de le ramener en laiffe fur la Scene.

Echo ne répéta, pendant quelque tems, que de tendres foupirs, & des mots confacrés au plaifir ; mais fur un ton d'élé-gie & d'un air à nous faire comprendre qu'elle vouloit beaucoup de mal à Narciffe de ne lui avoir pas appris un langage auffi doux.

Après la Comédie, l'on va fouper or-dinairement ; nous gagnâmes un falon où l'on avoit déjà mis fur une table un Soupé digne des Dieux. Quatre petits

Laquais vêtus en Ganimedes nous fervi-
rent, & nos compagnes n'en furent pas
jaloufes. Elles avoient des preuves de notre
bon goût.

Quand des mets délicats eurent ap-
paifé notre appétit, quand des vins délicieux eurent un peu ranimé notre vivacité, nous admirâmes le falon où nous
étions, il étoit carré ; quatre glaces
couvroient les façades, & une cinquieme formoit le plafond : de forte
que les fruits montés, les fleurs, dont
les corbeilles étoient ornées, les bougies, & nos vêtements fe multipliant à
l'infini, faifoient le fpectacle le plus
agréable.

Le champagne grimpa au cerveau
de nos compagnes ; elles nous dirent
mille folies, nommerent tous les hommes, toutes les femmes de la Cour, de
la Ville avec qui elles avoient fait des
parties. Cependant la converfation alloit
languir, quand la Danfeufe imagina
de la ranimer, en racontant, chacun
à notre tour, la façon dont nous avions

vendu, donné, ou laiſſé prendre nos
prémices.

Dans ce moment nous ne pouvions
mieux faire. Nous renvoyâmes nos gens,
& la Diane commença ainſi.

CHAP. X.

CHAPITRE X.

La vertu de la Diane court de grangs rifques......, On l'attaque.... Elle combat........ Trait d'avarice de fon Oncle.

JE dois le jour à d'honnêtes Normands. A peine avois-je dix ans, que ma virginité courut de grands dangers; voici comment. On m'envoyoit à l'école chez une bonne femme. Un vieux libertin qui logeoit dans fa maifon, fe fentit rajeunir en voyant continuellement paffer devant fa porte une infinité de petites filles. Il imagina d'en attirer quelqu'une chez lui ; pour cet effet, il fit fur l'efcalier une traînée de dragées, qui continuoit jufque dans fon appartement.

J'étois paffablement gourmande. Je trouvois une praline, je la dévorois. Je courus à une feconde, une troifieme, &

infenfiblement l'appât me conduifit jufque dans l'antre du Satyre, qui ferma auffitôt fa porte, & m'emporta fur fon lit. Je crus qu'il vouloit me donner le fouet, pour me punir de ma gourmandife. Je pleurois, je criois, j'alarmois la maifon, & l'on vint arracher la colombe innocente d'entre les griffes du vautour. Autant que je puis m'en fouvenir, il étoit tems.

Cette aventure, à laquelle je réfléchif-fois en grandiffant, me donna de l'averfion pour tous les hommes. Je touchois à ma vingtieme année, & je n'avois pas encore prêté l'oreille à la plus petite douceur. Un de ces papillons, qu'on diftingue des autres par un petit collet, me trouva charmante, divine ; il me fit, d'un ton doucereux, les propofitions les plus impertinentes ; mais la Déeffe qu'il encenfoit, le repouffa bien loin de fes Autels.

Un Adonis en robe étala enfuite, près de moi, tout fon mérite, c'eft-à-dire celui que fon Baigneur, fa Bouquetiere & fon Parfumeur lui donnoient. Ce fut en vain. Il ne put jamais fe mettre en bonne odeur auprès de la cruelle.

Un jeune Mars fe laiffa encore vaincre par mes charmes. Il faifoit tous les jours défiler fon Régiment fous mes fenêtres, dans l'efpoir d'être mon vainqueur à fon tour. Mon cœur n'en devint pas plus martial. Bien loin de m'engager au plus petit combat, à la moindre efcarmouche, les armes du Colonel me firent toujours peur.

Enfin, les maris me citoient à leurs femmes, les peres à leurs filles. J'érois ce qu'on appelle un dragon de vertu. Mais, hélas! ma fortune m'apprit, en fe délabrant, combien il eft difficile d'être indigente & vertueufe. Mon pere & ma mere moururent, & ne me laifferent pour tout bien qu'un procès, dont le fuccès devoit pour toujours décider mon fort. Je le perdis, ce malheureux procès; & je fais, à n'en pouvoir douter, que le fecond de mes adorateurs n'y avoit pas peu contribué. On n'eft pas impunément plaideufe & cruelle.

Une feule reffource me reftoit. J'avois un Oncle, Curé à quelques lieues de la ville. Je lui écrivis une lettre fort touchante , pour lui peindre ma situation , & les dangers que couroit ma vertu ; je lui marquois que mon dessein étoit de m'entretenir honnêtement avec l'ouvrage de mes mains. Je finissois par le prier de me prêter cinquante pistoles , qui m'étoient absolument nécessaires pour mille petites avances.

Mon oncle reçut mon commissionnaire avec de grandes démonstrations de joie , jura mille fois qu'il voudroit pouvoir trouver l'occasion de m'être utile , prit la lettre avec empressement , & la dévora ; mais quand il fut à l'article essentiel , son visage s'alongea , son front se rida , son air gracieux disparut ; il frotta souvent ses lunettes , & eut recours , pour éluder ma demande , à l'expédient le plus ridicule dont un avare puisse s'aviser.

Il substitua , en lisant ma lettre , le mot de *pistolets* à celui de *pistoles*. Son Vicaire , son Clerc , sa Gouvernante même , se récriant sur la singularité de l'idée , eurent beau lui dire que je lui demandois cinquante pistoles , qu'il n'y avoit pas moyen

de s'y méprendre , que le mot *piftoles* étoit
écrit bien lifiblement , & mieux orthogra-
phié que le refte de la lettre ; il fe fâcha ,
il leur foutint qu'ils ne voyoient pas clair ;
& pouffant mon commiffionnaire par les
épaules : « mon ami , lui dit-il d'un grand
» férieux , il faut que ma Niece ait perdu
» l'efprit , pour imaginer de m'emprunter
» cinquante piftolets. A moi? à un Prêtre ?
» Elle ignore fans doute que nos Supé-
» rieurs nous défendent les armes à feu.
» Adieu ; va vîte lui dire que je fuis bien
» fâché de la refufer ; je ne puis lui offrir
» qu'une vieille carabine rouillée , qui n'a
» pas tiré depuis trente ans. »

CHAPITRE XI.

La Diane cede. Fin de son Histoire. Commencement d'une autre.

LA réponse de mon Oncle, dit la Diane, me jeta dans un découragement toujours fatal à le vertu. Une fille entretenue, que j'avois regardée jusque-là comme la plus vile des créatures, ne me parut plus qu'une infortunée, qui, n'ayant pas assez de force pour résister au dédain dont on accable la pauvreté, se sacrifie à l'orgueil de son siecle.

Que les hommes sont injustes, me disois-je ! Si l'on pardonne aux femmes qui cedent à l'amour, au désir, à l'attrait du plaisir, même à la simple curiofité , combien d'indulgence ne doit-on pas aux malheureufes, qui, avec les mêmes raifons pour faire un faux pas , font encore entraînées dans leur chûte par le poids de la mifere ? Leurs befoins multipliés les rendent bien plus excufables.

Chaque bijou , chaque parure que je voyois à nos beautés à la mode , me faifoient dédaigner la vertu qui ne donne point , & applaudir au vice qui les prodigue.

Mon cœur étoit dans cette fituation critique , quand un vieux ufurier , qui de derriere un carroffe avoit fauté dedans , en évitant adroitement la roue , me vit à ma fenêtre , & dit , en frappant fur fon énorme ventre : Voilà une poulette de qui je ferai bientôt le renard. Il met , en conféquence , dans fes poches , tous les bijous que fes premiers maîtres n'avoient pas retirés au tems prefcrit , & monte chez moi , en me difant : « Mademoi-

» felle, j'ai calculé vos attraits, ils valent
» tout au monde, ou Barême eſt faux.
» Je viens vous prier de m'en céder la
» jouiſſance. Je vous donnerai de bon
» nantiſſemens, & vous paierai un gros
» intérêt. »

Mon premier mouvement fut de rire à gorge déployée de la maſſe énorme, de l'air ignoble & ſtupide de mon nouvel amant: mais, en geſticulant, il étala un diamant ſuperbe, & je lui trouvois la main bien deſſinée ; du moins l'avoit-il bonne, le Public en ſavoit quelque choſe.

Il tira ſucceſſivement de ſa poche pluſieurs montres, un écrin bien garni ; ſes manieres me parurent nobles & diſtinguées.

Il m'offrit bruſquement la moitié de ſa fortune ; ſon eſprit me frappa par ſa ſolidité.

L'on ſait que les bijous font, ſur les femmes, l'effet de la tête de Méduſe. Je me trompe, la tête de la Gorgone, métamorphoſoit en pierre, & les bijous attendriffent , au contraire , les cœurs de rocher. Enfin , que ma comparaifon foit jufte ou non , la bague , les montres , & fur-tout l'écrin, me changerent prodigieu-fement. Ma bouche , accoutumée à dire toujours non , ne prononça plus ce mot devant mon adorateur, crainte de fcanda-lifer fon opulence , ou le fit fur un ton qui vouloit dire oui.

Mes bras , qui avoient toujours févé-rement repouffé un téméraire , me tra-hirent jufqu'au point d'embraffer amou-reufement le favori de Plutus , qui devint bientôt celui de l'Amour : quand on a la protection du premier , on eft toujours fêté fur les terres de l'autre.

Conclufion : nous fîmes , le nouveau Midas & moi, un échange de nos bi-joux ; & fûrement je gagnai au marché , puifqu'au bout de quelques minutes tous me refterent.

Nous félicitâmes l'Héroïne de l'hiftoire fur la perte de fon procès. Perfac demanda silence. J'étois, nous dit-il, dans ma seizieme année. Mon Précepteur s'étoit retiré avec un indult, & je cherchois à profiter de ma liberté; mais, avec qui? Les femmes de ma mere n'étoient pas jolies, & ses amies étoient presque toutes vieilles.

La seule Madame d'Arsinoé me paroissoit digne de mes attentions; elle étoit parvenue à cet âge où les femmes, plus belles que jolies, sont plus dangereuses pour un jeune homme; son air de fraîcheur, son embonpoint me séduisoient. Mon cœur impatient sembloit vouloir m'échapper toutes les fois que je la voyois. Je l'adorois; mais, comment oser le lui dire? Elle ne mettoit point de rouge, on ne la voyoit pas au Spectacle, au Bal, sur les Boulevards, au Waux-Hall. Elle n'avoit plus la fureur des grands Laquais; elle étoit dévote enfin, & joignoit à cette réputation, celle d'adorer son mari.

Un jour , comme je rêvois au malheur que j'avois eu de m'attacher précisément à la femme la plus vertueuse, la plus rigide sur ses devoirs , ma sœur entra dans mon appartement avec cet air enjoué que donne l'amour satisfait. Elle avoit depuis peu épousé un jeune homme charmant , qu'elle aimoit avec passion. Je la félicitai sur son bonheur , en soupirant ; je lui fis part de mon amour ; je lui nommai le trop respectable objet de ma tendresse ; je lui peignis mon embarras : un grand éclat de rire fut sa réponse.

J'allois me fâcher , quand ma sœur m'apprit que si Madame d'Arsinoé affectoit tant de dévotion & tant d'empressement pour un mari ennuyeux , malade imaginaire , c'étoit pour tâcher de faire oublier quelques aventures galantes qui avoient un peu trop éclaté. Elle poussa la complaisance jusqu'à me faire remarquer mille petites avances

qu'on m'avoit faites. Je la remerciai, je
me parai, je pris un air conquérant,
& je volai chez Arfinoé fur les ailes de
l'Efpérance.

CHAPITRE XII.

La dévote charitable. Le malade imaginaire.

D'ARSINOÉ, continua Persac, étoit seule dans son cabinet, lorsque l'on m'annonça. Enfin, me dit-elle, en me tendant la main, vous profitez de la permission que je vous ai donnée, & vous venez me voir. Vous êtes bien sage. J'ai la migraine, vous seul me suffirez pour me distraire, & je vais faire défendre ma porte. Je ne veux point que vous m'ayiez obligation de cette faveur ; mais savez-vous que je ne l'accorderois pas à tout autre jeune homme ? Ils sont si hardis, si téméraires, si entreprenants ; ils ont si mauvaise opinion de la vertu des femmes, qu'on s'expose beaucoup ; je dis beaucoup, en restant tête à tête avec eux. Pour vous, je vous admirer,

vous êtes le jeune homme le plus modeſ-
te , le plus........ Oh ! tenez , ajouta-t-elle
en ſoupirant , & en paſſant l'une de ſes
mains ſur mes yeux, ſoyez tout-à-fait ſage,
& ne me regardez pas ſi tendrement ;
vous alarmez ma vertu.

Cette même main , douce , potelée ,
bien deſſinée , avec laquelle on prétendoit vouloir fermer mes yeux , acheva de
les ouvrir ſur la conduite que je devois
tenir , & , par reconnoiſſance , je la couvris
de mille baiſers.

Oh Ciel ! s'écria Arſinoé. Mais , mais,
Perſac , Perſac , y penſez-vous ? Savez-
vous bien que vous me ſurprenez ? Je
ferai obligée de vous gronder , ou de
vous renvoyer ; .... non ! je n'en ai pas
la force , vous n'êtes qu'un enfant , je
ſais un moyen ſûr pour vous contenir.
Voici l'heure à peu près que j'emploie à
une lecture pieuſe , ſoyez mon lecteur.
Elle tira en même tems un rideau , dé-
couvrit une fort belle bibliotheque , &
me dit de choiſir. Je ne répondis rien.
Mais , regardant avec dédain les livres ;

je jetai un coup-d'œil tendre fur le canapé qu'Arſinoé abandonnoit. Je ſoupirai......... elle ſoupira auſſi.......... & tâchant de déguiſer ſon trouble ſous l'air le plus grave, elle me fit ce pieux ſermon.

Mon cher Fils, l'amitié qui m'unit à Madame votre mere & à vous, fait que je m'alarme ſur votre compte. Vous êtes jeune, ſans expérience ; je vois bien que vous vous laiſſez aiſément entraîner par l'attrait des plaiſirs ; & dans ce ſiecle pervers, il eſt tant de femmes perdues, qui ſe font gloire d'attirer la jeuneſſe dans leurs filets : Thémire, par exemple.

On voit tant de fauſſes prudes, qui affectent une rigidité outrée, & ne demandent pas mieux que de débaucher les jeunes gens. Orphiſe, Cloé ont cette paſſion damnable.

Vous trouverez des femmes qui n'oſeront pas tout-à-fait vous faire une déclaration, mais qui, en vous dévorant des yeux, vous loueront ſur la fraîcheur de votre teint, que vous avez effectivement beau ; fur l'élégance de votre taille, qui eft réellement bien prife ; & tout cela, pour que, flatté de leurs louanges, vous faffiez de votre côté attention à leurs attraits, & que vous en faffiez l'éloge..... Dieu fait comment !

Ah ! Madame, répondis-je avec vivacité, que votre difcours eft touchant ! prefqu'autant que vos charmes ! Il eft un moyen de me dérober aux dangers que votre amitié vient de me faire envifager ; c'eft celui de m'attacher à une femme, dont la conduite fage, dont les fentimens délicats me ferviront de guide, en faifant mon bonheur ; comme vous êtes à mes yeux la femme la plus vertueufe, la plus refpectable, fouffrez que pour éviter les dangers dont vous m'avez mencé, je me jette dans vos bras........ Je le fis en effet, & déjà Arfinoé perdoit l'envie de moralifer, quand un bruit que nous entendîmes à notre porte arrêta mes progrès.

C'étoit le mari d'Arfinoé. Il parut, fa femme l'accabla de careffes, & fit voir tant d'inquiétude fur fa fanté, que je la

crus

crus fâchée de s'être expofée à lui man-
quer. Bientôt ces mêmes careffes & ces
mêmes inquiétudes me raffurerent en aug-
mentant. Les deux époux jouerent une
fcene qui cadreroit affez avec le caractere
du malade imaginaire de Moliere , & celui
de fa femme.

La nouvelle Béline regarda quelque
tems fon mari avec chagrin , & lui dit ,
d'un ton mielleux : Qu'eft-ce , mon chi-
ton ? qu'avez-vous ? Quoi ! qu'eft-ce ? ma
chere femme , reprit le moderne Argan ,
d'un air troublé ; vous me trouvez pâle ;
n'eft-ce pas , ma chere petite femme ?
— Ah ! … un peu. — Eh , bon Dieu ! je
favois bien que j'étois malade ; mais très-
malade. — Oh ! ne vous troublez pas ,
mon cher ami , ce ne fera peut-être rien.
— Vous me flattez toujours , ma chere ;
dites-moi la vérité : je gage que j'ai la fie-
vre. — Voyons.......... un peu , puifqu'il
ne faut pas mentir. Et la tête ? n'y fentez-
vous pas des douleurs ? — Oh ! des douleurs très-vives , comme à mon ordinaire ;
je n'ofe pas me plaindre , parce qu'on

m'accufe d'être un malade imaginaire ;
vous favez pourtant bien le contraire, ma
poulette. — Affurément, mon fils! mais
vous n'aurez pas plutôt dormi fept à huit
heures, que vous vous trouverez foulagé.
Eh ! Dumont, couchez bien vîte votre
Maître. Allez, allez, mon petit ; je vous
avoue que je ferai plus tranquille, quand
je vous faurai dans votre lit.

Le mari, dupe des careffes & des inquiétudes de fa femme, alla fe coucher ;
je repris la place qu'il m'avoit fait abandonner. Et pour engager fa tendre, fa
vertueufe époufe à m'enlever aux femmes
mondaines, je priai, je preffai, j'expofai
mes befoins.

CHAPITRE XIII.

Le Président acheve de raconter son Aventure. La Danseuse commence la sienne. Les vers à soie.

ARSINOÉ, poursuivit le Président, avoua que j'étois pressant. Que voulez-vous faire ? me disoit - elle, d'une voix entrecoupée. — Mon bonheur. — Y pensez-vous ? — Très-bien ! — Mais mon mari ? — Il dort. — Quoi ! quand je l'adore ? — Je m'en suis apperçu. — Vous voulez que je lui fasse l'affront le plus sensible ? — Sa tête n'en sera pas plus malade. — Non ! je ne céderai jamais à vos instances. — La charité vous y oblige. — Le monde qui interprete mal les actions les plus méritoires, ne manqueroit pas de blâmer mon zele. — Il n'en saura rien. — Assurément ? — Assurément ! A ces mots, la pieuse, la charitable Dame prit un air recueilli, ferma modeſtement les yeux, s'arrangea dévotement ſur le Canapé, & ſe réſigna.

La vertu d'Arſinoé voulut encore balbutier quelques paroles, mais ce fut en vain. Ce mouchoir qui cachoit une gorge d'albâtre à tout regard profane, & que la décence même avoit arrangé, fut chiffonné par les folâtres déités de Cythere, & leur ſervit d'étendard pour défier & appeller au combat les ſcrupules. On les aſſiégea juſque dans le dernier de leurs retranchemens, & le plus opiniâtre, en expirant ſous le trait toujours vainqueur de l'amour, s'écria le ſecret... le ſecret.... le..... ſe..... cret.

Le Préſident ſe tut. La Danſeuſe commença ainſi. Je n'avois pas quinze ans, & cette fleur que ma mere m'avoit laiſſée pour tout bien, étoit déjà en état d'être cueillie. Que dis-je, une fleur ? ce n'étoit encore qu'un bouton, entouré de quelques épines à la vérité, mais ſi foibles! ſi foibles! qu'on pouvoit aiſément braver leur piquure.

Nombre d'amateurs s'offrirent pour le cueillir. La Jardiniere n'étoit pas intéreffée, & l'auroit donné pour une poignée de bonbon, pour rien même; mais ma fœur, qui, depuis long-tems, n'étoit plus une fleurifte à la mode, voulut tirer parti d'un parterre qu'elle avoit entretenu pendant quatorze ans, & en taxa les prémices à cinquante louis : c'étoit trop pour le pays où nous étions. Auffi mon impatience me fit-elle bien fentir combien il y a de différence du Pactocle à la Garonne.

Mon âge, la chaleur du climat, l'exemple de mes camarades, tout me faifoit enrager contre le peu de fortune des Languedociens, ou l'avarice de ma fœur, quand une aventure qui arriva à un jeune Danfeur de mes amis, & qui me mit à portée de juger de fon mérite, acheva de pouffer ma patience à bout.

Rigaudon, c'eft le nom du Danfeur, logeoit avec ma fœur & moi, chez deux bonnes vieilles, qui, réguliérement toutes les années, élevoient des vers à foie; nous étions dans la faifon où l'on les fait éclorre.

Chacune de nos hôtesses avoit placé dans son sein un paquet de graine. Rigaudon se chargea, en plaisantant, d'un troisieme. Trois jours après, il folâtroit avec moi, il ne songeoit plus qu'il y eût, ou qu'il dût y avoir des vers à soie sur la terre, quand il sentit par-tout son corps des démangeaisons insupportables.

Il entr'ouvre sa chemise, il se voit, avec surprise, couvert d'une infinité d'animaux presqu'imperceptibles. Il peste, il jure, il crie ; au bruit qu'il fait, les hôtesses arrivent, regardent, font éclater leur joie, prient Rigaudon de ne pas s'impatienter, le portent sur mon lit, & le mettent, en un moment, nu comme l'Amour. Il n'étoit pas aveugle comme ce Dieu ; mais il avoit sa beauté, sa jeunesse & ses armes.

CHAPITRE XIV.

La Danseuse croit voir toute la nuit des vers. L'Amour a pitié de ses maux.

Qu'ON se représente, ajouta la Danseuse, l'empressement de mes hôtesses à recueillir les petits vers, & mon air curieux : qu'on se peigne les bonnes femmes avec des lunettes, & moi sur-tout sans lunettes, arranger des feuilles de mûrier sur le corps de Rigaudon : qu'on se peigne encore les mines qu'il faisoit, & l'on conviendra que le tableau étoit plaisant.

J'avoue que les petits vers ne furent pas ce qui m'occupa le plus. Je crus voir toute la nuit Rigaudon couvert de feuilles, & quoiqu'elles fussent très-petites, je me plaignois de leur largeur, quand l'Amour, qui voit, d'un œil compatissant, le chagrin des jeunes filles, & ne les cause que pour avoir le plaisir de les apaiser, conduisit bon matin Rigaudon dans ma chambre. Ma sœur étoit sortie.

Dès que mon amant sut que j'étois seule, un rayon d'espérance l'enflamma. Il s'avance, en tremblant, vers mon lit, son cœur palpite, il craint de m'éveiller, il se contente d'admirer ; & pour admirer un plus grand nombre de trésors, il leve tout doucement une légere couverture qui cachoit la moitié de mes charmes.

Il voit une gorge encore vestale, qui avoit fait lorgner & soupirer plus d'une fois le casque & la robe. Il voit un pied mignon, une jambe déliée, & les alentours d'un genou arrondi par l'Amour, qui, malgré un caleçon trop importun, avoit souvent arraché des applaudissemens au parterre. A la vue de tant de charmes, Rigaudon perdit la tête. Il prit le lit pour un Théatre :

&

& voyant la toile levée, il lui parut tout
simple de s'élancer pour exécuter un pas
de deux avec sa Danseuse favorite.

Je m'évaillai toute troublée. Je repous-
sai d'abord le téméraire ; mais le recon-
noissant : ah ! Rigaudon, lui dis-je, est-ce
toi ..... arrête .... tu es sourd ! Ah ! mon
cher .... tu me perds ..... que dira ma
sœur ? ..... capitulons ; tu n'as pas cinquante louis ? hélas ! la fortune trop in-
juste ne t'a pas traité favorablement ;
l'amour réparera ses caprices, je te le pro-
mets. Differe encore ton bonheur & le mien.
La fleur que tu chéris t'en sera-t-elle moins
précieuse pour être un peu plus épanouie ?

La Danseuse s'interrompit à ces mots,
pour nous demander un verre de ratafia.
Nous étions tous impatiens de savoir si
Rigaudon avoit entendu raison ; sa maî-
tresse nous faisoit enrager par sa lenteur.
Nous la priâmes de se presser. Elle répondit qu'elle aimoit à savourer tous les
plaisirs.

CHAPITRE XV.

Fin de l'aventure de la Danseuse. M. de Saint-Val raconte son histoire, sa naissance ; il devient amoureux.

LA Danseuse se plaignit de la force du ratafia qu'on lui avoit donné, fit une petite grimace, en demanda un second verre, & reprit ainsi son aventure.

Rigaudon ne goûta pas ma proposition, toute raisonnable qu'elle étoit. Il pleura, je m'attendris. Il m'embrassa, je n'eus pas la force de le repousser. Il me fit un baiser, je le lui rendis. Avez-vous jamais vu un papillon auprès d'une fleur, il voltige autour d'elle, approche peu à peu, se repose sur son sein, perce son calice, s'enivre du suc le plus pur, & fuit à tire d'ailes. C'est l'histoire de Rigaudon, c'est la mienne.

Nous complimentâmes la Danseuse fleu-
riste sur la perte d'un trésor , que nous la
soupçonnions presque de n'avoir jamais
possédé. M. de Saint-Val prit un ton sen-
tencieux , nous demanda la permission
d'être un peu long , & débita avec em-
phase ce qui suit :

Je vous avouerai d'abord , avec ingé-
nuité , que j'augmentai en naissant le
nombre des petits indiscrets , qui viennent
au monde mal-à-propos. Je fus pendant
quelque tems ce que les gens polis ap-
pellent un enfant de l'Amour. Point de
raillerie sur cet article , s'il vous plaît !
Soyez prudens , si vous n'êtes sinceres :
tel croit devoir le jour à Amphitrion , qui
a cette obligation à Jupiter , & peut-être
même à Sofie.

Zulince , jeune Demoiselle d'une famille
distinguée , ayant perdu ses parens , fut
conduite à la Cour par la nécessité d'y
solliciter une grace. Elle l'obtint aisément ,
parce qu'elle portoit une de ces fignres à
qui tout le monde est forcé de s'intéresser,

& qui en impose même à la fatuité des Commis.

La belle Provinciale, comblée des faveurs de la Cour, alloit l'abandonner sans y avoir fait un seul heureux. C'étoit pécher contre l'usage. Un jeune Colonel, qui l'avoit servie avec beaucoup de zele, sut y mettre bon ordre.

Il monte chez Zulince, avec cet air heureux & conquérant qu'il avoit puisé dans les Boudoirs de toutes les femmes à la mode ; il fait la peinture d'un amour qu'il ne sentoit pas, jure qu'il mourra si l'on ne lui accorde le plus tendre retour, devient entreprenant, ravit quelques légeres faveurs ; plus prudent qu'Annibal, il ne se livre qu'en passant aux délices de Capoue, & marche droit à Rome. Je dois le jour à la rapidité de ses conquêtes.

Malgré mille précautions, ma naissance s'ébruita. Toutes les femmes se récrierent en public sur la foiblesse de Zulince, & firent en secret tous leurs efforts pour rendre mon pere inconstant. Elles n'eurent pas de peine à y réuſſir. Ma mere, qui ne ſut pas ſe conſoler par une autre perfidie, courut, avec le titre & les ennuis d'une jeune veuve, s'enterrer dans une Province, où je languis juſqu'à l'âge de ſeize ans, ſans m'appercevoir que j'avois un cœur. Une jeune beauté, qui ſuivit ſa Tante dans un Château voiſin du nôtre, me fit bientôt faire cette premiere découverte.

Je n'entreprendrai point le portrait de Minette, c'eſt le nom que nous donnâmes à notre aimable voiſine : il me ſuffira de vous dire qu'elle avoit quinze ans, qu'elle étoit faite de façon à donner de la jalouſie à toutes les femmes, & des déſirs à tous les hommes. Chaque jour, chaque heure, chaque inſtant, une grace nouvelle l'embelliſſoit, & augmentoit ma tendreſſe.

CHAPITRE XVI.

Songe moral de M. de Saint-Val.

UNE nuit, continua gravement M. de Saint-Val, comme je rêvois délicieusement de Minette, je crus voir entrer dans mon appartement deux femmes. L'une étoit grande, bien faite ; son ton & son air majestueux inspiroient le respect ; ses regards étoient fiers, pleins de noblesse, quoique agréables. L'autre plus douce, plus affectueuse, avoit la taille moins imposante, la démarche plus nonchalante, le son de voix plus flatteur. Toutes deux me regardoient avec bonté. J'allois leur demander qui elles étoient, lorsque la premiere m'interrompit, & me parla ainsi :

« Je suis la Vérité ; ma compagne est
» la Délicatesse. Du moment que vous
» vîtes le jour, nous formâmes la résolu-
» tion de faire votre bonheur. Pour cet

» effet , nous vous deftinions à Minette ,
» dont nous avons dirigé l'éducation. Nous
» vous répondons de la pureté de fon cœur.
» Des nœuds formés par les mains de la
» Vérité & de la Délicateffe , vous font
» garants de la félicité la plus pure. »

Pénétré de reconnoiffance , j'allois embraffer mes protectrices , quand un enfant
s'offrit à mes regards. Il avoit l'air, la taille
& l'extérieur de l'Amour , il étoit même
paré de tous fes attributs ; c'étoit le Plaifir.

Il donnoit , en fouriant , la main à une
Amazone , dont l'afpect fit frémir la Délicateffe & la Vérité : pour moi , je fus au
contraire enchanté de toute fa perfonne.
Elle avoit un air fi enfantin , des graces fi
féduifantes , des propos fi flatteurs , que
mon cœur fut , dans un inftant , rempli de
fon image. « Volez dans mes bras, jeune
» homme, me difoit-elle ; abandonnez ces
» deux Fées , elles tyrannifent les cœurs
» qu'elles protegent. Volez fur mes pas ;
» fuivez cet aimable Enfant , nous vous
» procurerons une félicité toujours nou-
» velle auprès des femmes. Le Plaifir eft

» leur divinité favorite ; & toutes me ré-
» verent si fort, qu'elles m'élevent un
» autel dans leur appartement, pour y
» consacrer à mon culte les trois quarts de
» leur vie. »

Je ne pus résister à des promesses si flat-
teuses. J'allois échapper à mes protectrices,
peut-être pour toujours ; la Vérité s'élança
sur l'Amazone, lui arracha un masque à
qui elle devoit tous ses attraits, & me fit
voir un petit monstre, moitié mâle &
moitié femelle. C'étoit l'Art, qui, ca-
chant son dépit sous un air dédaigneux,
jura de me punir de l'affront qu'il essuyoit.
La Vérité & la Délicatesse me promirent
d'opposer leur puissance à ses coups. Le
petit Dieu ne dit rien ; mais il me déco-
cha un de ses traits : tous quatre disparu-
rent, & je m'éveillai.

Nous éprouvons les impressions d'un
songe long-tems après sa fuite ; en effet,
je sentis réellement en m'éveillant, le trait
du plaisir ; telle qu'une jeune victime du
célibat & de l'amour, qui, ayant trouvé
dans les bras du sommeil un remede à ses

maux, nage, long-temps après fon réveil, dans un torrent de délices, & favoure à longs traits les fuites voluptueufes d'un amoureux délire. Mais, hélas ! bien moins heureux qu'elle, j'avois apparemment fecoué trop tôt les pavots de Morphée, & le trait enflammé n'avoit encore fait paffer que le trouble & le défir dans tous mes fens.

Peignez-vous un aigle qui, atteint d'une fleche, & faifant de vains efforts pour s'en débarraffer, irrite fa douleur en croyant la foulager, frémit de rage, prend l'effor, fond fur la toifon d'une brebis innocente, & l'immole à fa rage ; vous aurez une légere idée de l'état où j'étois, & des motifs qui me faifoient voler vers l'appartement des femmes de ma mere.

Heureufement ou malheureufement pour la premiere que j'aurois rencontrée, ma mere elle-même parut & m'arrêta. J'appris de fa bouche qu'on me trouvoit encore trop jeune pour me marier ; qu'on différoit mon hymen d'un an, & que je devois employer ce tems à voir la Capitale.

Zulince me fait préfent de fon portrait, s'obftine à me cacher le nom de mon pere; je prends congé de Minette; je me jette dans ma dormeufe; je pars, je vole; plus d'un Sylphe fuftigé par mes gens fait retentir l'air de fes cris plaintifs; j'arrive chez un fameux baigneur: le jeune Provincial eft métamorphofé en Seigneur élégant; & me voilà à l'Opéra, fuperbement mis, un grand bouquet à la boutonniere, & une lorgnette à la main.

CHAPITRE XVII.

M. de Saint-Val fait connoissance avec un homme prudent qui lui sert de Mentor, lui donne de bons conseils, & lui fait connoître les habitants du pays qu'ils habitent.

JE vis avec surprise, continua Saint-Val, une foule de jeunes gens en cheveux longs, en épée, en petit collet, qui, d'un air empressé, voloient, de loge en loge, recevoir quelque coup d'éventail, & se retiroient d'un air fort satisfait. Je crus bonnement voir quelques acteurs payés pour amuser les Dames, en attendant qu'on levât la toile ; & je demandai à un homme d'environ quarante ans, qui étoit auprès de moi, combien ils gagnoient pour jouer un rôle aussi pénible qu'humiliant.

M. de Florimon, c'est le nom de celui que j'avois interrogé, comprit sans peine que j'étois un nouveau débarqué. Cependant il feignit de croire que j'avois voulu plaisanter, & applaudit poliment à l'épigramme que j'avois faite, disoit-il, contre des petits-maîtres, hommes publics à la vérité, mais qui se faisoient un mérite de leur fatuité.

Je fus enchanté de la complaisance avec laquelle M. de Florimon avoit ménagé mon amour-propre. Je me sentis tout-à-coup pour lui des sentiments que je ne pouvois définir. De son côté, il me regarda avec intérêt, me fit mille questions, & s'attacha si bien à moi, qu'il voulut prendre la peine de m'introduire dans le monde.

J'étois très-satisfait du pays que j'habitois. Tous les hommes m'y paroissoient charmans, & les femmes adorables. J'admirois tout ce que je voyois, tout ce que j'entendois ; je croyois sur-tout de la

meilleure foi du monde tous les compli-
mens qu'on me faifoit. Prenez garde, me
dit un jour mon aimable *Mentor*, fouve-
nez-vous que vous êtes ici dans l'empire
de l'Art. Ecoutez-moi, & je vais avec
rapidité vous faire envifager l'étendue de
fon pouvoir.

L'art dicte ici les éloges, les compli-
mens, les proteftations d'amitié, & les
affurances d'eftime ; témoins ces Grands
qui s'embraffent d'un air affectueux, &
qui en fe quittant, vont tâcher de fe
détruire.

Ce prétendu Protecteur, qui ne l'eft
que par air, ou qui n'entre fi vivement
dans vos projets que pour les connoître
à fond, & les faire réuffir au profit d'un
valet-de-chambre, ou d'une maîtreffe qu'il
veut vîte enrichir.

Cette jeune femme, qui accable fon
vieux mari de careffes, & lui prodigue
les noms les plus tendres, depuis qu'elle
a fait une conquête au Bal.

Ce jeune Cadet de Gafgogne, qui loue
fans ceffe les charmes de Madame Patin,

parce qu'elle a la réputation de fe ruiner
pour fes adorateurs.

Cet Avocat adroit qui prodigue à fes
Juges les éloges les plus outrés, pour les
étourdir fur le fond d'une mauvaife caufe.

N'imitez pas ces voyageurs ftupides,
qui, voulant étudier les mœurs du pays
qu'ils parcourent, regardent le peuple
comme s'il n'exiftoit pas, & ne fréquen-
tent que des cercles où tous les hommes
ayant à peu près reçu la même éducation,
ne préfentent aux yeux du fpectateur que
la même fuperficie. C'eft chez la plus
groffiere populace qu'on diftingue fans
nuage le caractere d'une Nation. Jetez un
coup-d'œil philofophique fur le peuple qui
vous entoure, vous y verrez l'ouvrier le
plus automate en apparence, qui, pour
fe faire donner la préférence fur fes camarades, honorera du titre de Milord tous
les étrangers, appellera le plus mince Clerc
de Procureur M. le Préfident, & fera ren-
gorger le petit Collet le plus plat, en le
gratifiant du titre faftueux de Monfeigneur.

CHAPITRE XVIII.

L'ennuyeux M. de Florimon con-
tinue de peindre le pouvoir de
l'Art à l'ennuyeux M. de Saint-
Val.

CE n'eſt pas tout, me dit M. de Florimon, l'Art détermine ici, à la démarche de chacun, le ſon de voix, & le
maintien qu'il doit avoir. Ce jeune Lieu-
tenant ne doit marcher qu'en cadence.

Dorilas vient d'acheter une charge dans
la Robe; hé bien! Dorilas doit appren-
dre à mordre agréablement ſa levre, à
parler ſur un ton doucereux, à marcher
ſur la pointe du pied, & à ſaluer de la
chevelure.

La jeune veuve d'un colonel ſe mé-
ſallie, elle épouſe un Financier; il ne lui
eſt plus permis d'être honnête, polie,
affable; elle doit avoir l'inſolence de ne

pas faire donner un fiege aux gens à talent qu'elle appelle à fa toilette, à moins
qu'ils n'aient des Dentelles.

Philinte étoit hier Abbé, il avoit le
ton & l'air d'un Adonis, c'eft dans l'ordre :
aujonrd'hui Surnuméraire dans les Mouf-
quetaires, il cache fon œil droit fous un
petit chapeau, fait le méchant, devient
la terreur des Fiacres & des filles ; c'eft
encore dans l'ordre.

La Marquife de .... marche très-
bien dans fon appartement ou à la campagne : dans nos promenades elle ne peut
faire un pas. Je le crois bien ! Comment
prouveroit-elle aux gens qui ne la connoif-
fent pas, qu'elle eft accoutumée à un bon
Carroffe.

L'Art donne encore ici la fortune &
la réputation : pourquoi ce Comédien eft-
il obligé d'aller végéter dans la Province ?
C'eft qu'il n'a que du naturel, & qu'ici
on le compte pour rien.

Pourquoi cet Auteur eft-il fêté, couru,
commodément logé, magnifiquement
vêtu ? Pourquoi les poftes les plus bril-
lans

sans & ses plus lucratifs sont-ils pour lui , tandis que cet autre , logé presque aussi haut qu'Apollon & les Muses , habillé chaudement l'Eté , fraîchement l'Hiver , ne se chauffe qu'aux dépens du moderne Procope ? C'est que le premier a beaucoup plus de mérite , me direz-vous : au contraire , il a eu l'art de cabaler auprès des Grands, des Comédiens & des femmes. Voilà son plus grand talent.

Pourquoi Damon que j'ai vu pauvre , & si mal famé , vit-il à présent dans l'opulence & en odeur de sainteté ? C'est que, grace à ce maintien qu'il a su se donner , il passe pour dévot , & qu'on l'a chargé des affaires des pauvres.

Ce docteur a un bon carrosse , tandis que ses confreres , beaucoup plus savans que lui , n'ont pas seulement une mule ; pourquoi ? C'est qu'il a eu l'art de se faire un jargon qui amuse les Dames , qu'il ne leur prescrit que le régime qui leur plaît , & qu'il ne les dément jamais , sur-tout en présence de leurs maris , lorsqu'elles veulent avoir des vapeurs.

Partie I.   **K**

Pourquoi ce Militaire est-il comblé d'honneurs, accablé de récompenses ? C'est qu'il a eu l'art de s'approprier les exploits d'un subalterne, & de croiser ceux qu'auroit pu faire son rival.

Attendez-vous à ne recevoir bien souvent que la quantité de jour qu'il plaira à l'Art de vous ménager. Chez un Marchand, vous aurez un jour qui ne vous permettra pas de voir les défauts d'une étoffe que vous acheterez. Chez Arsinoé, le jour perçant à peine à travers une épaisse jalousie, & un rideau cramoisi, vous cachera les rides de son visage, & le couvrira d'un aimable vermillon.

Enfin, les hommes sont pour la plupart précisément le contraire de ce qu'ils paroissent. Quant aux femmes, il en est sans doute, & beaucoup, qui, parées des mains seules de la nature, sont réellement belles, sensibles, délicates, ignorent toute sorte d'imposture, & méritent de partager avec l'Amour l'empire des cœurs. Il en est aussi qui ressemblent aux graces de Boucher, chacun de leurs attraits fai

admirer un coup de pinceau hardi &
créateur.

Enfin, si l'on peut comparer les hommes à des pantins, dont l'art dirige les
mouvemens ; la plupart des femmes font
autant de poupées qu'il pare, & des fereins
qu'il siffle. M. de Flormon ne disoit que
trop vrai. Vous allez voir comme j'en fus
convaincu dans une partie que je fis à la
Campagne.

CHAPITRE XIX.

Saint-Val est successivement ébloui par plusieurs charmes différens, & cruellement détrompé.

NOUS étions, poursuivit Saint-Val, dans cette saison où les gens comme il faut, rougissant d'être à la Ville, abandonnent les promenades & les spectacles aux grisettes & aux petits-maîtres subalternes. Zénéide me propose de l'accompagner à sa terre, se forme une société, & nous partons.

Plus heureux que Pâris, j'étois avec plusieurs Dames qui, jalouses de faire ma conquête, étaloient à mes yeux les charmes qu'elles croyoient les plus séduisans; & toutes me demandoient tacitement la pomme. Je ne savois trop à qui donner la préférence. Zénéide n'étoit pas précisément jolie, mais elle avoit des graces;

quelques fignes arrangés fur fon vifage relevoient la blancheur de fon teint , & donnoient à fa phyfionomie un jeu , une vivacité , auquel il étoit bien difficile de ne pas céder.

Zirphé avoit un pied mignon & délicat, qui , en promettant des miniatures encore plus féduifantes , plaidoit admirablement bien la caufe de fa maîtreffe.

Doris & Dorimene n'étoient plus de la première jeuneffe ; cependant l'une laiffoit voir des dents qui donnoient envie de s'expofer à leur tendre morfure , & l'autre avoit quelque chofe de louche dans les yeux , qui leur donnoit le regard le plus langoureux , & faifoit naître le défir de les voir expirer fous les coups de l'Amour.

Pour Orphife , elle n'étoit ni belle , ni jolie. En revanche , fes fentimens étoient épurés. Il falloit être un héros de tendreffe pour lui plaire. « Elle m'avoit cru de la » délicateffe dès le moment qu'elle m'avoit » vu , elle vouloit s'en affurer avant de » me rendre heureux ; en attendant , je » pouvois être certain qu'un Prince , qu'un

» roi même ne me banniroit pas de son
» cœur ; « c'étoient ses propres mots.
Quoique extrêmement sensible à sa tendre
délicatesse , je formai le dessein de me
distraire en attendant la fin de mon épreuve.

Je passai chez Zénéide. Sa porte étoit
entr'ouverte ; je la vis qui renouvelloit ses
signes avec la tête d'une épingle noircie à
la fumée d'une bougie , & mon amour
disparut.

J'allai souhaiter le bon jour à Zirphé.
Elle m'agaça comme à son ordinaire en
appuyant son petit pied sur le mien ; je
voulus jouer avec une mule rose & argent
qui le couvroit , je la ravis en folâtrant :
Zirphé se fâcha très-sérieusement , & son
pied s'élargit ; ce ne fut qu'à l'aide d'une
robuste femme-de-chambre & d'un chausse-
pied qu'on parvint à le renfermer dans sa
prison. La mule me fit comprendre , en
se détachant , pourquoi Zirphé usoit tant
de vin de Champagne à sa toilette , &
servit d'éteignoir au flambeau de l'Amour.

Je ne me rebutai pas pour deux épreuves malheureuses. Je passai chez Doris &

(119)

Dorimene qui, étant sœurs, logeoient dans le même appartement, & n'avoient amené pour elles deux qu'une feule femme. Toinon étoit fon nom. Sa figure n'avoit rien de merveilleux ; mais fes cheveux paroiffoient égaler en beauté ceux de cette Actrice charmante que l'Amour femble avoir formée exprès pour lui céder fon rôle dans les Graces, & qui le remplit fi bien, que je préférerois l'original à la copie.

Toinon étoit vive, folâtre, enjouée ; fes yeux fembloient me donner un tendre duel ; je brûlois de l'accepter : mais je craignois que Doris ou Dorimene ne vînt le troubler. Leur foubrette me raffura, en m'avertiffant que l'une ne paroîtroit pas avant d'avoir pris fon œil d'émail, & l'autre fes dents d'ivoire ; ce qu'elles ne pouvoient faire fans fon fecours : foudain les deux maîtreffes difparurent de mon cœur, & furent remplacées par la femme-de-chambre. Nous folâtrâmes quelque tems. Elle fit un faux pas, tomba fur un canapé ; & le jeu alloit devenir férieux, quand ma levrette, voulant folâtrer aüfli, joua d'abord avec les plis de mon habit, & donna enfuite la préférence au chignon de Toinon ; il n'étoit que poftiche, il ne réfifta pas long-tems, & roula fur le parquet !

La foubrette, bien différente de Samfon, recouvra fes forces en perdant fa chevelure. Elle me repouffa avec vigueur pour courir après fon chignon ; ma chienne la défefpéra par fes gambades, & ne lui reftitua que les débris de fon larcin.

CHAP. XX.

CHAPITRE XX.

*L'Art persécute encore Saint-Val.
Reconnoissance. Points. C'est encore l'éternel Saint-Val qui parle,
au grand regret des Nymphes.*

JE courus en riant chez la délicate
Orphise. Je parvins jusque dans son
cabinet sans être annoncé ; j'avançai
la tête sur son fauteuil, je vis qu'elle
venoit de tracer pour moi le billet le
plus tendre. Mon cœur enchanté alloit
faire éclater sa reconnoissance , quand
j'apperçus une douzaine de lettres con-
çues précisément dans les mêmes termes ,
& adressées aux petits - maîtres les plus
décriés de la Cour & de la Ville. Je
reculai avec horreur. Je fis un cri d'indignation. Orphise se tourna ; & pré-
voyant qu'elle ne pourroit pas excuser le

Partie I.   L

billet circulaire, il lui parut simple de s'évanouir.

Touché de l'état d'Orphise, oubliant presque sa perfidie, je volai à sa sonnette pour appeller ses femmes ; elle s'en apperçut : alors revenant tout-à-coup de son évanouissement, elle me pria, d'un ton ironique, de ne point m'alarmer ; & me regardant ensuite avec dédain : « Ap- » prenez, Monsieur, me dit-elle, que » lorsqu'une jolie femme est tête-à-tête » avec un homme, qu'elle lui fait l'hon- » neur de s'évanouir & de terminer ainsi » une dispute, c'est lui dire très-poliment » combien elle est fâchée de lui avoir » donné du chagrin, & que c'est à lui, » s'il fait vivre, à s'en venger plus poli- » ment encore. Adieu, Monsieur, de- » mandez-moi le secret, & ne me voyez » plus. »

Je reconnus mes torts ; j'abandonnai bien vîte une maison où j'avois tant à rougir ; je volai à la Ville. Je fis arrêter ma voiture devant la Comédie Italienne. Une Danseuse me lorgna, je la lorgnai à mon tour. Elle avoit un petit nez qui paroiſſoit n'être retrouſſé que pour ſervir plus commodément de trône à l'Amour. Je lui propoſai un Soupé , elle l'accepta, en me demandant ſi je voulois qu'elle y parût brune ou blonde , enjouée ou languoureuſe , décente ou libertine , avec beaucoup de gorge ou ſans gorge. A ces mots, je me rappellai mon ſonge ; je frémis des pieges que l'Art m'avoit tendus, des dangers que l'attrait du Plaiſir m'avoit fait courir ; je me félicitai de leur avoir échappé par la protection de la Vérité & de la Délicateſſe ; je me peignis les charmes innocens de Minette , la pureté de ſon cœur , la ſincérité de ſes ſentimens ; je jurai de ne ſonger déſormais qu'à elle , de ne vivre que pour elle , & je revins chez moi en ſoupirant.

L'un de mes gens étoit reſté à la Ville. Il ſe précipita au devant de mes pas dès qu'il me vit. Ah ! Monſieur, me dit-il, à qui pourra-t-on déſormais ſe fier ? — Qu'eſt-ce ? — M. de Florimon vint ici le lendemain de votre départ. — Eh bien ! — Il entra dans votre cabinet. — Eh bien ? — Eh bien ! eh bien ! Monfieur, il a volé le portrait de Madame votre mere. Le métal de la boîte, & les diamans dont elle eft ornée, l'ont fans doute tenté. Voilà une lettre qu'il m'a chargé de vous remettre.

Mille idées confufes fe préfenterent, dans la minute, à mon imagination. Je penfois un inftant que Florimon étoit un fripon, & bientôt mon cœur l'excufoit. Enfin, tout autre fentiment céda à ceux du dépit, de la rage, de l'indignation, quand, après avoir décacheté la lettre, j'y lus ces mots :

BILLET.

« Le portrait que j'ai trouvé chez vous,
» offre trop d'attraits : je ne puis vivre
» plus long-temps fans poffréder la beauté
» qu'il repréfente. Plufieurs de fes lettres,
» parfemées fur votre Bureau, m'indi-
» quent l'endroit où je la trouverai. Je
» pars : fi ma démarche vous déplaît,

» fuivez-moi, & d'un mot je faurai vous
» mettre à la raifon. »

J'envoie vîte chercher des chevaux ; je
pars ; j'ordonne qu'on me faffe aller grand
train : j'arrive, j'apperçois M. de Florimon ; je mets l'épée à la main, je vais
fondre fur lui........ foudain un cri perçant
que j'entends derriere moi, pénetre jufque
dans le fond de mon ame...... fufpend mon
bras...... m'oblige à tourner la tête..... &
me fait voir le fpectacle le plus attendriffant.

Ma mere..... la plus fenfible des meres...
troublée....., éperdue........ le défordre, le
défefpoir dans les yeux, accouroit à moi
les mains levées vers le Ciel........ tout-à-
coup fes jambes tremblent....... elle chan-
celle......... elle tombe fur fes genoux, la
tête appuyée fur les bords d'un fauteuil....
La mort fe peint fur fon front.......... Elle
veut me parler, & ne peut proférer une
parole.......... la crainte & la tendreffe font
un dernier effort, & triomphent à demi de
fa foibleffe......... fes geftes m'expriment fes
alarmes...... un bras qu'elle me tend.........
un autre dont elle me découvre fon fein....

ſon ſilence ſi éloquent , ſi expreſſif.......... tout me fait frémir....... tout me dit que je donne la mort à la meilleure des meres, ſi je ſuis plus long-temps l'aveugle tranſport qui me guide......... Alors je me rappelle toute la conduite de mon *Mentor*...... les ſentimens qu'il m'avoit inſpirés à notre premiere entrevue....... je le regarde.......... il me ſourit affectueuſement........ je commence à voir dans mon cœur..... .... mon épée me fait horreur....... elle échappe de mes mains.......... je vole dans les bras de l'auteur de mes jours....... je m'écrie....... mon pere...... ah ! .... mon cher pere !.... mon vertueux pere ! ...... mon...... J'allois ajoute une autre épithete ; la voix me manqua.

CHAPITRE XXI.

Mariage de Saint-Val & Minette.

AH ! mon Fils ! s'écria M. de Florimon, en m'embraffant tendrement, & en me couvrant de fes larmes fi douces, fi pures, fi précieufes, quand la nature les verfe dans le fein de tout mortel qui n'eft pas corrompu ; mon cher Fils ! que je fuis fâché d'avoir fait languir votre enfance dans un état obfcur. Heureufement pour vous & pour moi, j'ai trouvé dans votre cabinet le porrrait de votre vertueufe mere ; l'Amour eft rentré dans mon cœur ; il m'a peint tous mes torts ; j'ai obtenu ma grace ; je fuis lié à l'aimable Zulince d'un lien indiffoluble ; j'ai enlevé la tache que mon inconftance avoit répandue fur vos jours ; & pour achever de couronner mon bonheur, je veux vîte faire le vôtre, en vous uniffant à Minette.

L'aimable Minette parut. Quelle différence de ſes attraits à ceux que j'avois admirés dans le pays de l'Art ! Elle baiſſa les yeux & reſta muette. Je ſentois auſſi trop de choſes pour pouvoir les exprimer. Dieux ! que notre ſilence étoit expreſſif ! On nous conduiſit à l'Autel. Nous prononçâmes avec tranſport le *oui* ſi redoutable au commun des amans. Je vous épargnerai la deſcription d'une journée toujours fort ennuyeuſe pour de jeunes Epoux : mille fâcheux accablerent Minette de fades plaiſanteries, & firent rougir la décence ſans exciter la volupté.

Minuit ſonne. Ma mere & la tante de Minette trouvent un prétexte pour attirer Minette dans la chambre, & près de l'alcove où l'Amour devoit mettre le comble à ſes faveurs : je paſſai dans un cabinet voiſin ; je me débarraſſe à la hâte de mes habits ; je m'enveloppe dans ma robe de chambre ; je reviens ; chaque coup-d'œil que je porte rapidement ſur ce qui m'environne, fait paſſer dans mes ſens le trouble & le déſir.

Les premiers objets qui frappent mes regards curieux, font les jupons & le corfet de Minette : triftement délaiffés fur un fopha, ils femblent me dire qu'ils me cedent la victoire, & qu'ils ne mettront plus le moindre obftacle à mes tranfports.

Ici, une des femmes de Minette place, en fouriant, les bougies de nuit derriere un taffetas verd. Le demi-jour voluptueux qu'elles répandent, pénetre jufque dans mon cœur, le fait treffaillir, & me caufe le plus doux des frémiffemens.

Plus loin, une autre découvre & pare de fleurs la couche Nuptiale. Le rouge qui colore fes belles joues, fes mains tremblantes, les foupirs que l'idée feule du plaifir lui fait pouffer ; tout me retrace la fituation de Minette ; je la partage, & je brûle de la calmer.

Enfin, je découvris Minette à travers les femmes qui l'entouroient. Dieux ! fous quel déshabillé ! dans quelle attitude ! Un *battant-l'œil* cachoit une partie de fon vifage ; fes regards perçans à travers les réseaux de la maline n'en paroiſſoient que plus tendres.

Un ſimple corſet de baſin blanc, noué avec pluſieurs rubans roſe, preſſoit doucement une gorge naiſſance & une taille de Nymphe, qui ſembloient vouloir lui échapper, l'une par ſon agitation, & l'autre à la faveur de ſa délicateſſe.

Le reſte des appas n'avoit pour unique voile qu'une toile , mais ſi fine ! ſi légere ! que l'Amour, quoique enfant, pouvoit la ſoulever d'un ſouffle.

CHAPITRE XXII.

Très-bon à effectuer. Saint-Val continue à peindre son bonheur. La Mariée fait des façons.

PASSONS présentement à l'attitude de la belle Mariée. Son cou aussi blanc que rond, agréablement sillonné par l'azur de quelques veines, dégagé de toute parure inutile, tendrement penché sur une épaule, appelloit la main & le baiser.

Ses mains, croisées par la modestie sur deux petits monts naissans, étoient cependant trop mignonnes pour couvrir en entier les trésors qu'elle vouloient cacher, & laissoient toujours entrevoir quelques charmes, exposés aux amoureux larcins.

L'un de ses pieds, petit, bien fait, potelé, digne en tout de la jambe à

laquelle il tenoit , étoit déjà fur le bord
du lit ; l'autre encore à terre , à demi couvert d'une mule , laiffoit entre fon frere &
lui , un efpace que l'imagination fe plai-
foit à parcourir , qu'elle rempliffoit bien
agréablement , & que je me flattois d'occuper bientôt ; mais la pudeur vint différer
mon bonheur , en empêchant , pendant
quelque tems , Minette de s'élancer tout-
à-fait fur un trône , où les plaifirs nous
attendoient en foule pour nous couronner.

Les Femmes de chambre plaifantoient
la Belle honteufe ; ma mere lui difoit
fort férieufement qu'il ne falloit pas faire
l'enfant ; la Tante racontoit une infinité
d'hiftoires pour prouver que les jeunes
femmes faifoient toutes des fimagrées fort
mal-à-propos , & pour la forme feulement ;
tout cela étoit inutile : Minette réfiftoit
aux railleries , aux raifons , aux bavarda-
ges , aux défirs même qui lui confeilloient
d'aller vîte occuper une place lorgnée en
tapinois.

Je me jetai à fes pieds , elle étoit toujours dans la même attitude , de forte que

ma bouche se trouva naturellement collée sur un genou d'ivoire, à qui elle fit bientôt prendre une autre couleur ; ma main partagea les transports de ma bouche ; bientôt entraînée par la beauté & la pente agréable du terrein qu'elle parcouroit, elle fit un progrès si rapide, que Minette alarmée jette un cri, s'élance dans le lit, & tire sur elle les couvertures ; grace à mon agilité, elle m'enveloppe avec elle. L'amour s'applaudit de nous avoir pris dans le même filet. Les rideaux tombent. Tout le monde sort en riant, & nous voilà seuls dans l'univers.

O mes chers amis ! vous enviez peut-être mon bonheur ; plaignez encore mon sort. Il est des momens où tous les sens conspirent contre un seul, en voulant le servir ; un agréable délire semble nous anéantir. L'ardeur qui nous agite, qui nous dévore, ne nous permet pas d'en faire profiter la beauté par qui & pour qui nous brûlons. Hélas ! j'éprouvai pendant quelques instans toutes les horreurs du supplice de Tantale. J'allois me livrer au plus affreux déſeſpoir, quand je me reſſouvins que, ſans avoit le mérite de l'Ingénu, j'ai, comme lui, le grand Her-cule pour patron ; je l'invoque, & je de-viens digne de lui. Que dis-je ? je ſuis ce demi-Dieu lui-même.

L'arc du nouvel Alcide eſt tendu ; le trait part, vole, frappe le Centaure qui colore ſa tunique ; la flamme circule dans les veines du Héros. Saiſi d'une ſainte fu-reur, il prend ſa maſſue, il abat les bois qu'il trouve ſur ſon paſſage, il ſe précipite ſur le bûcher enflammé ; la force l'aban-donne, il pâlit, il expire ; ſon ame s'envole, il perce tous les cieux, il arrive au fond de l'Olympe......

CHAPITRE XXIII.

Saint-Val se retire bien fâché d'avoir sacrifié à l'Art & au Plaisir....... La Danseuse délaissée se retire aussi, après avoir fait ses adieux.

Nous félicitâmes tous Saint-Val sur les plaisirs qu'il paroissoit goûter encore en nous les peignant. Nous lui demandâmes des nouvelles de Minette. Elle est, nous dit-il, à Paris. Je suis venu pour faire ma cour à un vieux oncle fort riche ; comme il pourroit me priver de sa succession s'il connoissoit un mariage que j'ai fait sans le consulter, ma vertueuse épouse loge sous le nom d'une Comtesse supposée, dans un hôtel peu éloigné du mien. Tout, jusqu'à cette contrainte, redouble notre amour ; & ta fidélité, n'est-ce pas ? ajouta le Président.

Saint-Val resta comme anéanti par

cette légere épigramme. Il garda quelque tems un morne silence. Ses yeux se remplirent de larmes. Il regarda, en frémissant, la Nymphe qui, en le faisant tomber dans ses pieges, avoit réalisé son songe, & trop bien effectué les projets du Plaisir & de l'Art.

Ah ! mes amis, nous dit-il, j'ai sans doute mauvaise grace à faire le Moraliste après avoir partagé toutes vos foiblesses. Je suis encore plus coupable que vous, puisque je manque à la femme la plus respectable ; mais du moins mon repentir est sincere. Vous, dont j'ai si bien suivi l'exemple, imitez-moi à votre tour. Les plus courtes folies sont toujours les meilleures.

Ne sacrifiez plus sur des autels qui, affaissés sous le nombre & la diversité des victimes, ne peuvent qu'être très-délabrés. Craignez de partager trop bien leur chûte. Cessez de faire fumer votre encens pour des Furies déguisées en Graces, qui vous attacheront tôt ou tard à la roue d'Ixion, ou vous livreront au vautour de Prométhée.

Saint

Saint-Val disparut après nous avoir donné ce salutaire conseil. Nos Compagnes furent très-scandalisées de l'indécence de ses propos, conclurent, d'une commune voix, que c'étoit une espece, trouverent qu'il n'avoit pas le sens commun, nous exhorterent à fuir désormais un homme qui nous gâteroit, & redoublerent de gaieté pour écarter nos réflexions.

La veuve seule de Saint-Val étoit de mauvaise humeur. Ses camarades la raillerent sur son oisiveté ; & pour l'amuser, disoient-elles, propoferent de faire deux brelans à trois. C'est très-bien pensé, ajouta ma maligne Actrice, nous n'avons besoin de fiches ni de jetons. Nous paierons sur le champ avec des baisers, ou quelques autres petites caresses. « Petites, » continua la Diane ! pourquoi cela ? Je » vous avertis que je fais mon tout au » premier beau jeu qui me viendra. Pour » notre pauvre délaissée, puisqu'elle ne » peut pas être de la partie, faute d'un » associé, elle jugera des coups. »

Partie I. M

La Danseuse prit mal la plaisanterie. Les Rieurs n'étoient pas de son côté, elle se disposa à se retirer. En prenant ses gants, qu'elle avoit dans sa poche, elle laissa tomber un papier, sur lequel nous sautâmes. Les efforts qu'elle fit pour nous l'arracher, redoublerent notre curiosité, & nous lûmes au haut : BAIL DE TROIS ANS.

Le titre promettoit. Nous nous proposâmes de lire l'ouvrage après le départ de son auteur. Que vous allez bien vous amuser à mes dépens quand je serai sortie, nous dit la Danseuse, furieuse, outrée, désespérée ; mais je m'en.... moque : je fais de vos nouvelles, & je vais prendre ma revanche d'avance.

Je commence par toi, divine Actrice de campagne. Cesse de prendre avec nous ces airs de dignité que les sifflets auroient dû te faire perdre. D'ailleurs, quel est ton talent ? lorsque tu danses, on s'écrie que tu as la jambe trop forte. Quand tu chantes ou que tu déclames, c'est à peu près la même chose pour toi;

on trouve que tu as peu de voix. Quand...
Il suffit, tout le monde sait que le trop
ou le peu te dépare furieusement.

Ah! tu ris, guerrier immortel, & toi
aussi, petit sapajou à rabat, animal fa-
milier des toilettes. Souvenez-vous l'un &
l'autre de la partie que vous fîtes chez la
galante Tonton, du chagrin cuisant que
vous en eûtes le lendemain, & de votre
air sot quand elle reçut vos plaintes en
vous riant au nez, & en vous demandant
si vous vous étiez attendus à recevoir d'elle
un Evêché & un Régiment.

Quant à la belle Marchande, c'est
dommage qu'on l'accuse de vendre non-
seulement ses bijous, mais encore ceux
de ses amis & de ses parentes. Pour moi,
je lui trouve pourtant des mœurs, de la
probité, témoin sa derniere couche. Elle
ne savoit trop à qui dédier son ouvrage,
parce que son époux étoit absent depuis
plus d'un an, & qu'elle avoit alors quatre
Amans en titre. Une autre auroit tiré de
l'argent de chacun en particulier, en l'ho-
norant du beau titre de pere; elle eut

l'honnêteté de les rassembler autour de son lit, de leur peindre son embarras, & de les faire tirer au doigt mouillé pour voir à qui l'enfant appartiendroit.

Point de jalousie, mon Adonis Robin, je ne t'oublierai point. Te souviens-tu de cette fausse Cliente, qui parvint l'autre jour jusque dans ton cabinet pour solliciter un prétendu procès ? Tu crus, en triomphant d'elle, subjuguer la vertu la plus tenace & la Marquise la plus huppée ? Quelle fut ta surprise quand tu sus que la Dame étoit une friponne de la rue Fromanteau, & qu'elle avoit utilement amusé ses mains dans tes poches, tandis que les tiennes fourrageoient ses charmes.

A ton tour, la Diane. Tu nous fais voir que les honneurs ne changent pas toujours les mœurs. Grace à la stupidité & à la misere d'un pauvre diable d'Allemand, te voilà Baronne, & cependant tu fais toujours ton premier métier. Est-ce en reconnoissance des aventures qu'il t'a procurées ? Je ne t'en connois pas de si brillantes. Souviens-toi de ce Militaire, à présent bel efprit, qui fit fauter tes nippes par la fenêtre ; de ces Chevaux-Légers qui te donnerent le fouet en revenant du Bal de Saint-Cloud ; de ce Cadet Gafcon, par qui tu te fis promettre fix louis pour paffer une nuit chez lui, & qui te renvoya le lendemain avec ces douces paroles : « Sandis, quand je prends le coche ou » quelqu'autre boiture publique, je paie » tanfeulement la place que j'occupe, & » don ! boilà douze francs, ma belle. »

La Danfeufe avoit parlé avec tant de volubilité, qu'on n'avoit jamais pu l'interrompre. Enfin, elle partit en caffant tous les magots qui étoient fur la cheminée, & en nous affurant qu'elle alloit parler à des gens qui viendroient troubler nos plaifirs. C'eft peu de nous le promettre, elle tint parole, comme on le verra dans la feconde partie.

Fin de la premiere Partie.

TABLE
DES CHAPITRES

Contenus dans la Premiere Partie.

Fin de la Table.